Dietrich Volkmer

Die Schöpfung

Mythen und Erzählungen

Dietrich Volkmer

Die Schöpfung

Mythen und Erzählungen

Die Deutsche Nationalbibliothek verzeichnet diese
Publikation in der Deutschen Nationalbibliografie;
Detailierte bibliografische Daten sind im Internet über
http://dnb.ddb.de abrufbar

Text, Layout und Umschlaggestaltung
Dr. Dietrich Volkmer

Titelbild Dr. D. Volkmer

Internet-Seiten
www.drvolkmer.de   www.literatur.drvolkmer.de
www.buchtipps.drvolkmer.de

Herstellung und Verlag
BoD Books on Demand
Norderstedt
Printed in Germany

Bad Soden, im Februar 2019

ISBN 9 783 748 174 868

Inhaltsverzeichnis

Einfachheit ist die freiwillige Beschränkung auf das Wesentliche.
Andreas Tenzer

Es gibt eine Theorie, die besagt, wenn jemals irgendwer genau rausfindet, wozu das Universum da ist und warum es da ist, dann verschwindet es auf der Stelle und wird durch etwas noch Bizarreres und Unbegreiflicheres ersetzt.
Douglas Adams in seinem Roman „Das Restaurant am Ende des Universums"

Wir haben uns abgewöhnt zu staunen, und wenn wir staunen, dann nicht mehr über das Wunder der Schöpfung, sondern das der Wissenschaft, deren Erklärungen wir heute ebenso blind vertrauen, wie wir einst nur der Bibel glaubten.
Hans Werner Woltersdorf in „Die Schöpfung war ganz anders"

Das Universum bringt mich in Verwirrung; ich kann nicht verstehen, wie ein solches Uhrwerk bestehen kann ohne einen Uhrmacher.
Voltaire

Es gibt zwei Arten sein Leben zu leben: Entweder so, als wäre nichts ein Wunder, oder so, als wäre alles eines. Ich glaube an letzteres.
Albert Einstein

Prolog

Das Thema Schöpfung aus mehreren Aspekten und Kulturen heraus zu betrachten, ist wahrlich eine schwierige Aufgabe, da dieser Themenbereich so viele Facetten enthält.

In meinem Buch „Der Urknall – Eine Fiktion der Astrophysik" bin ich auf die Fragen des Anfangs und seiner Geheimnisse aus einer mehr naturwissenschaftlichen Perspektive eingegangen.

Aber die Einseitigkeit dieser Betrachtung ließ mich nicht ruhen, auch wenn ich – wie der Titel schon vorgibt – dem Leser mehr Fragen als Antworten präsentieren konnte, wenn nicht sogar musste.

Hauptsächlich habe ich in diesem Buch die Schöpfungsmythen der Alten Ägypter, der Griechen und natürlich der hebräischen Bibel ausführlich ausgebreitet, denn diese Kulturen haben mit ihrem Denken, ihrer Religion und ihrer Philosophie unsere westliche Welt entscheidend geprägt.

Die jetzige westliche Denkweise mit einem Urknall am Anfang wird noch einmal kritisch betrachtet. Wenn ich auf den Titel dieses Buches zurückgreife, das im Untertitel Mythen und Erzählungen anführt, so kommt man nicht darum herum, auch das Kapitel über den „Urknall" unter der Rubrik „Naturwissenschaftliche Mythen" einzureihen, denn vieles bleibt unklar, um nicht sogar zu sagen, im großen Ausmaß unklar.

Mythen haben die Eigenschaft, keiner wissenschaftlich akzeptierten Logik zu unterliegen. Je mehr man versucht, die wissenschaftlichen Aspekte immer weiter und gründlicher zu hinterfragen, kann man oft nicht umhin, sie in die gleiche Rubrik einzuordnen.

Das Thema Schöpfung ist mit Sicherheit kein einfaches Thema. Die Menschen lesen heutzutage offensichtlich nicht mehr so viel und so intensiv, daher habe ich die Betrachtungen in diesem Buch so kurz wie möglich, aber so gründlich wie notwendig gestaltet.

Die Schöpfung

In seinem Buch „Adam und der Affe" beschreibt Peter Bamm – meines Erachtens einer der gescheitesten Essayisten der deutschen Sprache – den Zustand, dass irgendwann einmal – vorausgesetzt der Mensch stammt vom Affen ab – ein Zustand eingetreten sein muß, indem aus dem Menschenaffen ein Affenmensch wurde. Eine Entwicklung, die sich über Jahrtausende, wenn nicht noch länger, zugetragen haben mag. Mit einem Augenzwinkern, das unterstelle ich ihm einmal, beschreibt er die groteske Vorstellung, dass irgendwann einmal ein konkreter Affe einen konkreten Menschen zur Welt gebracht haben muß.

Wir bleiben der Einfachheit halber einmal bei dieser „Denkübung". Der Affenmensch entwickelte sich weiter und wir setzen voraus, dass sich sein Gehirn entsprechend ausbildete und er begann, einige der typisch menschlichen Eigenheiten zu entwickeln: Nämlich zu fragen und nach Antworten zu suchen.

Eines der phänomenalen Worte dieser Wandlung war die Schaffung des kleinen, aber so bedeutsamen Wortes „Ich" mit dem zugleich das „Du" entstand.

Die Wörter „Wieso", „Warum", „Woher" tauchen dann irgendwann durch die Veränderung der grauen Zellen in seinem Sprachschatz auf. Das bedeutet, er beginnt zu beobachten und aus der Beobachtung Sinn und Abfolgen abzuleiten.

Nur ein geistig ausgeprägtes Wesen ist in der Lage, wenn es nach der Schöpfung fragt zugleich seine eigene Entstehung mit in die Fragestellungen einzubeziehen.

Abgesehen einmal von den archaischen Notwendigkeiten wie Ernährung, Sicherheit und Vermehrung beginnt das Thema der Vergänglichkeit in seinem Gehirn zu kreisen.

Jeden Morgen wird es hell, die Sonne geht auf und geht am Abend wieder unter.

Der Mond durchläuft einen Zyklus von Neumond bis Vollmond.

Der Fluss – z.B. der Nil – schwillt an, überschwemmt das Land und zieht sich wieder zurück.

Ein Jahr beginnt mit Schwung und ebbt am Ende wieder etwas ab.

Die Bäume beginnen zu grünen und im Herbst fallen die Blätter wieder ab

Ein Mensch wird geboren und verlässt diese Welt am Ende wieder.

Alles scheint einem wie immer gearteten Anfang, einem Beginn zu unterliegen, der das Ende impliziert.

Er, der neugierig gewordene Mensch, begann, darüber nachzudenken, nach dem „Vorher" zu fragen, das es ja irgendwie als Voraussetzung für ein „Jetzt" gegeben haben muß. Für manche Entwicklungen konnte man durch Nachdenken und Beobachten einen Beginn oder eine Ursache herausfinden, wobei das deutsche Wort „Ur-Sache" diesen Beginn besonders gut beschreibt, wenn man in der Lage ist, in die Wörter hineinzuhorchen. Die Vorsilbe „ur" weist bereits auf einen Vorgang vor längerer Zeit hin.

Da der frühere Mensch sich außer Stande sah, diese Fragen exakt zu klären und sich die Welt noch nicht in unserer heutigen naturwissenschaftlich-physikalischen Sichtweise betrachten konnte, versuchte er sich diesem Manko durch Geschichten, Sagen, Mythen, Märchen und Mysterien zu entziehen.

Diese Mythen waren durch die Umgebung und das Erlebnis der Naturphänomene geprägt und waren in den verschiedenen Kulturen von der jeweiligen Landschaft und der Umgebung gefärbt.

Die Naturwissenschaft hatte und hat noch immer nichts Besseres im Sinn, als die zum Teil metaphysischen Annäherungen an das „Vorher" zu verunglimpfen, zu belächeln und in den Bereich der Phantasie zu verweisen.

Aber spüren nicht viele Menschen, wie diese Versuche dazu angetan sind, den Menschen aus einer heilen Umgebung in eine kalte Welt des Zentimeter-Gramm-Sekunde-Denkens zu stoßen?

Das Wort „Schöpfung"

Im Herkunftswörterbuch des Dudens finden wir unter „schöpfen"
– „Flüssigkeit entnehmen".
Im nächsten Absatz findet man das Wort „Schöpfer", das vom Wort
„erschaffen" abgeleitet wird. Erst ab dem 18. Jahrhundert wird es
auch auf Menschen angewandt im Sinn von „schöpferisch" tätig sein.
Im Zusammenhang mit Gottes Werken spricht man von Schöpfung
und Geschöpf. Im Mackensen „Ursprung der Wörter" liest man: Die
Wörter „schöpfen" und „schaffen" sind vom Ursprung her identisch.
Interessant ist auf jeden Fall, dass das Wort „schöpfen" und damit
auch das Wort „Schöpfung" mit Flüssigkeit in Verbindung gebracht
werden kann. Und diese Flüssigkeit dürfte nach menschlichem Er-
messen das Wasser sein, jenes geheimnisvolle Element oder besser
diese seltsame Verbindung von Sauerstoff und Wasserstoff. In alten
Geschichten sind es zumeist Frauen, die das Wasser aus Brunnen oder
Quellen schöpfen. Auch heute scheint diese Aufgabe in vielen Ent-
wicklungsländern noch immer den Frauen zu obliegen.
Zum Wort selbst: Ich kann es nur in der deutschen Sprache nach-
empfinden: Bei der Erschaffung von Begriffen und Wörtern für Ge-
dachtes oder Gefühltes muß es eine Phase gegeben haben, in der der
oder die Wortschöpfer intuitiv diese Zusammenhänge zwischen Entstehen und Wasser geahnt haben müssen und uns daher dieses Wort-
geschenk in unsere Sprache hineinkomponiert haben.
Wasser scheint so etwas wie eine Omnipotenz zu besetzen. Im Alten
Ägypten war es der Nil. Und in der Evolution des Lebens auf der
Erde entstehen die Frühformen des Lebens – das „Wie" bleibt uns
geheimnisvoll verborgen – im Wasser. Und Wasser ist auf dieser Erde
der Garant für das Leben – der Pflanzen, der Tiere und auch der Menschen. Sämtliche Lebewesen tragen noch immer wie eine Reminis-
zenz an die Entstehung und die Frühzeit des Lebens das Element
Wasser in ihren Körpern als Bedingung für sämtliche Stoffwechsel-
vorgänge – ohne diese würde alles Leben austrocknen und erlöschen.
In diesem Zusammenhang mag das Wort „erschöpft" interessant

sein. Die kleine Vorsilbe „er" verwandelt ein Positivum in ein Negativum um. Derjenige, der *er*-schöpft ist, vermag nicht mehr aus dem Quell des Lebens, dem Wasser der Vitalität zu schöpfen.

Wasser überhaupt scheint eine der physikalischen Voraussetzungen für das Leben in unserem Sinn und auf unserer Erde zu sein. Ob es im Universum völlig andersgeartetes Leben geben mag, das diese Bedingungen nicht benötigt, kann möglich sein aber zufriedenstellend kann es zur Zeit niemand beantworten.

Aber bei der Suche nach Leben oder Lebensmöglichkeiten auf anderen Himmelskörpern steht immer die Frage nach Wasser im Vordergrund.

So hat man am Südpol des Mondes in tiefen Kratern am Boden Wasser oder Eis entdeckt, ein Grund, dass dort gegebenenfalls die erste lunare Station geplant ist. Eine Grund sicher für die chinesische Mondsonde, die jetzt in dieser Gegend gelandet ist.

Das andere Ziel, das zur Zeit in vielen Köpfen herumgeistert, ist der Mars. Dort soll es ebenfalls in der Tiefe Wasser-Eis geben, eine der Voraussetzungen für eine längere Expedition. Ob das für eine Dauerbesiedlung des Mars durch den Menschen, quasi als Ersatz-Erde, ausreicht, ist fraglich.

Auch bei extrasolaren Planeten, von denen bereits rund 4000 entdeckt worden sind, steht auch immer die Frage nach der Möglichkeit von Vorhandensein von Wasser im Vordergrund, um damit auf die Möglichkeit von Leben in unserem Sinn zu schließen. Ob wir jemals diese Planeten erreichen werden bzw Besuch von da bekommen, dürfte absolut unwahrscheinlich sein. Insofern ist die Suche nach fernen, bewohnbaren Planeten eine Aufgabe, mit der sich vom Staat bezahlte Astronomen ihre Zeit vertreiben. Denn direkten Kontakt mit diesen Welten werden wir wohl nie bekommen.

Die Aliens, die in so vielen Filmen ihr Unwesen treiben, sind nichts weiter als dümmliche Versuche, den Menschen Gruseln und Furcht vor dem Unbekannten einzuflößen. Mancheiner jedoch scheint danach süchtig zu sein.

Schöpfungsmythen der Alten Ägypter

Fast dreitausend Jahre währte die antike Kultur am lebenspenden-den Nil. Nimmt es da wunder, dass der Nil und damit das Wasser in die Gedanken der Alten Ägypter über das Woher und Wann einfloß.

Wir wissen nicht genau, wann man begann diese Fragen zu stellen und wann man begann, sich seine vielfältigen, in Menschen- und Tierform projizierten Götter auszudenken, die ja mit dem Anfang etwas zu tun haben mussten.

Es waren keine reinen Philosophen wie im Alten Griechenland, die sich Gedanken über das „Vorher" machten, es waren die Priester, die damit zugleich auch die Götter schufen und damit auch Macht aus-übten.

Kein anderes Volk auf dieser Erde zeigte einen so verzweigten Göt-terkult und eine zugleich eine dermaßen ausgeprägte Verehrung der Toten.

Der einfache Fellache, eingebunden in die drei Jahreszeiten Über-schwemmung, Saat und Ernte, nahm alles als gottgegeben hin und wenn die Nilschwemme mal ausblieb, dann versuchte man die Götter milde zu stimmen, um im nächsten Jahr wieder säen und ernten zu können.

Die Schöpfungsgeschichte der Alten Ägypter ist nicht einheitlich, sondern unterscheidet sich voneinander je nachdem, wo gerade das Zentrum des Reiches war, also in Ober- oder Unter-Ägypten. Die Li-teraturangaben sind zudem nicht immer übereinstimmend.

Die beiden Länder, wie sie sich bezeichneten, wuchsen erst im Jahr 3000 v. Chr. durch den sagenhaften König und Pharao Narmer zu-sammen. Es gab verschiedene Reichsgötter im Norden und Süden, kreiert durch eine Priesterkaste, die man teilweise als frühe Religi-onsphilosophen bezeichnen konnte.

Im Norden ist der Ursprung mehr mit dem Namen Ptah verknüpft, im Süden überwiegt Atum bzw Amun.

Die Schöpfungsgeschichte des Nordens, aus Memphis, trägt mystische Züge, die sich in ähnlicher Form im jüdischen Gedankengut wiederfinden.

Am Anfang gab es nur das grosse, stille und unendliche Weltmeer. Es gab nur Stille und kein Leben. Weder Oben und Unten, weder Hell noch Dunkel, weder Osten noch Westen. Das Licht und die Dunkelheit existierten noch nicht.

Dann trat Ptah an den Anfang. Er trug die Gestalt von Nun und Naunet, den Urwassern. Und von Huh und Hauhet, den grossen Unendlichkeiten. Mit ihnen trat Ptah in Erscheinung.

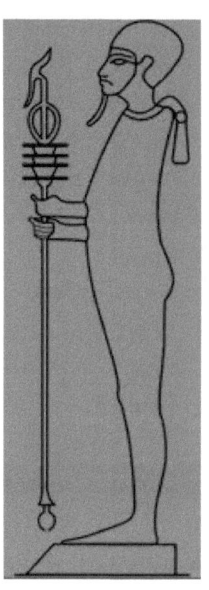

Es ist zu sehen, wie das Lebensumfeld die Gedanken, Vorstellungen und auch den Mythos beeinflussen. Denn Ägypten das war der Nil, das Wasser, die Lebensader, die die beiden Länder mit ihrem versorgenden Nass am Leben hielten.

Die folgenden Zeilen muten uns ebenfalls ein wenig bekannt an. Ptah hatte die ganze Welt und das Universum in seinem Herzen erdacht, vor allem ersann er auch die Götter. Alles, was er erdacht und ersonnen hatte, sprach seine Zunge laut als Befehl aus. Und so geschah es.

Diese Sätze erinnern uns irgendwie an den Beginn des Johannes-Evangeliums, nur muß man bedenken,

Ptah

dass diese Worte rund 2500 Jahre vor Christi Geburt ersonnen wurden.

Nachdem Ptah alle Lebewesen und auch die Menschen erschaffen hatte, ruhte er aus.

Klingen da nicht Ähnlichkeiten mit dem ersten Kapitel der Bibel an?

In der Verdi-Oper Aida heißt es im 2. Akt: Allmächtiger Ptah, Schöpfergeist der Erde, Odem des Universums.

Keine Kultur auf dieser Welt entstand aus dem Nichts, sondern fußte immer ein wenig auf Vorgängern. Auch wenn man es nicht gern hört: Die Schriften der Juden zeigen vielfach Ursprünge in den mystischen Büchern Alt-Ägyptens.

Die zweite Schöpfungsgeschichte entstammt der Region Waset, das die Griechen Theben nannten und uns heute als Luxor bekannt ist.

Am Anfang bedeckte das Urwasser, auch Nun genannt, die ganze Welt und es gab nichts außer dem Urwasser.

Da erhob sich irgendwann aus dem Urwasser der Hügel des Uranfangs, Ben-Ben genannt. Dieser trug ein großes Ei und aus dem Ei schlüpfte irgendwann Atum. Er lebte wie eine Nilgans und schwamm auf dem Urwasser herum.

Auch hier finden wir keine Angaben über ein Vorher vor dem Urwasser – es ist einfach da, ebenso wie der Nil fließt und keine wusste, wo er eigentlich her kam

Da überfiel ihn große Einsamkeit und er schuf aus sich heraus die Göttin Amaunet. Aus der Einheit wurde also die Zwei, der Beginn von etwas Neuem. Dann erschuf er die Welt und alles, was sich in der Welt befindet. Er gab der Welt den Befehl, zu entstehen. Und die Welt ward. Auch hier wieder wie bei Ptah und auch in der Bibel: Das Wort wird ausgesprochen und es geschieht.

Alle alten Kulturen zeigten keinerlei Bestreben, das Großartige dieser Welt in Verbindung mit Chemie und Physik zu bringen. Nein, ein solch ungewöhnliches und umfassendes Wunder konnte nur göttlichen Ursprungs sein.

Die Alt-Ägyptischen Schöpfungslehren bekamen nur einmal eine Art Interregnum, eine Ablehnung und Pause von rund fünfzehn Jahren, als ein mutiger und anders denkender Pharao namens Echnaton, wahrscheinlich zusammen mit seiner Gattin Nofretete, die Vielgötterei ablehnte und an Stelle dessen Aton, die leuchtende Sonnenscheibe als alleinigen Gott den Ägyptern präsentierte.

Ich habe versucht, in meinen Büchern „Tagebücher vom Nil" und „Der Erste Messias? – Bildnis eines zu früh Geborenen" ihn aus meiner Sicht zu würdigen, seinLeben zu skizzieren und in seine Gedankenwelt einzutauchen. Er kam meiner Ansicht nach 1400 Jahre zu früh, daher auch der Titel des Buches.

Die Welt und ihre Bewohner, vor allem die Priester, waren noch

Echnaton im Gebet vor Aton

viel zu stark im Polytheismus verhaftet und fanden diese neue Religion als eine Art Angriff auf ihre gewohnten religiösen Denkweisen.

Hier sein Sonnengesang:
Schön erscheinst du am Horizonte des Himmels
du lebendige Sonne, die vom Anbeginn lebt.
Du bist aufgegangen am Osthorizont
Und hast jedes Land mit deiner Schönheit erfüllt.
Schön bist du, gross und strahlend, hoch über allem Land.
Deine Strahlen umfassen die Länder
bis ans Ende von allem, was du geschaffen hast

In weiteren Zeilen heisst es

Wie zahlreich sind deine Werke,
die dem Angesicht verborgen sind,
du einziger Gott, dessengleichen nicht ist
Du hast die Erde geschaffen
nach deinem Wunsch, ganz allein
mit Menschen, Vieh und allem Getier
mit allem, was auf der Erde ist.
Die Welt entsteht auf deinen Wink,
wie du sie geschaffen hast.

Im Unterschied zu den anderen Schöpfungsgeschichten entstehen keine weiteren Götter, sondern Aton ist es einzig und allein, der diese Welt erschaffen hat, ständig in ihr präsent ist und für das Wohlergehen aller Kreaturen sorgt.

So sehr wir uns aus unserer Zeit heraus in seinen Versen des Sonnengesangs wiederfinden, seine Ideen und Vorstellungen kamen zu früh und fanden keinen Widerhall in der polytheistisch geprägten Kultur der Alten Ägypter, ja seine Glaubensvorstellungen waren ein regelrechter Schock für die einfachen Fellachen und erst recht für die Amun-Priester, die um ihre Macht fürchteten.

Die Sumerer

Eines der ältesten Kulturvölker dieser Erde – beheimatet zwischen den Flüssen Tigris und Euphrat, das um 2800 v. Chr. seine Blütezeit hatte, eine Zeit also, in der sich am Nil erst eine Kultur mit den ersten Pharaonen ausbildete.

Einiges aus dieser Frühzeit ist uns in Keilschrift auf Tontäfelchen erhalten geblieben.

Das umliegende Wasser, mit dem man sich durch Überflutungen etc in einer ständigen Auseinandersetzung befand, bestimmte die Mythenbildung und die Schöpfungstexte.

Aus dem Wasser, dem Urmeer, entsteht die Welt.

Die Prioriät der Götter wechselt etwas, für uns etwas unübersichtlich. Als Uruk zur mächtigsten Stadt der Sumerer wird, ist An der höchste Gott, der Gott des Himmels, zusammen mit seiner Frau Inanna.

Einer der wichtigsten Schöpfungstexte ist der Dilmun-Mythos, der Mythos vom Paradies. Hier sieht man schon manche Analogien oder Ähnlichkeiten, die in unserer biblischen Schöpfungsgschichte wieder auftauchen.

Erwähnenswert, obwohl kein direkter Bezug zur Schöpfungsgeschichte besteht, ist das Gilgamesch-Epos, eines der ältesten Poesie-Werke der Welt.

Die Babylonier

Um das Jahr 2000 v. Chr. lösten die Babylonier die Sumerer als Herrscher des Zweistromlandes ab. Zuerst übernahmen die Babylonier die Göttertrias Anu, Enlil und Ea der Sumerer.

Je mehr jedoch die Stadt Babylon die Vorherrschaft übernahm, desto mehr gestaltete sich auch die Götterwelt nach ihren Vorstellungen.

Ihr Hauptgott war Marduk.

Einmal im Jahr, und zwar am vierten Tag des Neujahrsfestes, feierten die Babylonier ein heiliges Ritual: Das große Schöpfungsge-dicht als große Verehrung des Gottes Marduk wurde in seiner Gänze vorgelesen. Man kann es als eine Art liturgische Handlung verstehen: Durch das Vorlesen wurde die Schöpfung gleichermaßen noch einmal neu vollzogen, quasi eine Hymne an den Anbeginn und ein Dank, daß man erneut in ein Lebensjahr einsteigen konnte. Zugleich sym-bolisierte es eine Wiederkehr der Schöpfung: Vergangenheit und Zu-kunft begegneten sich an diesem mystischen Tag.

Das Schöpfungsgedicht Babylons trägt den Namen "Enuma elish", was so viel bedeutet wie "als droben". Hier einige Zeilen aus dem "Enuma elish" zur Erschaffng der Welt:

Als droben
der Himmel noch nicht benannt war,
drunten die Erde noch keinen Namen trug,
als der Ozean, der uranfängliche,
beider Erzeuger,
und das Getose Tiamat,
die beide gebar,
ihre Wasser in eins
zusammenmischten,
als kein Feld noch gebildet,
kein Rohr noch zu sehen,
einst, da von den Göttern
kein einziger entstanden,
kein Name genannt,
kein Los bestimmt war –
da wurden sie geschaffen
die Götter

Es scheint, als ob die orientalischen Schöpfungsgeschichten auf ir-gendeine geheimnisvolle Weise Ähnlichkeiten in sich tragen, ein-schließlich unserer Bibel.

Lao-Tse und Konfuzius

Um das Jahr 600 v.Chr. wurde in China ein Mann namens Li geboren, dem man später den Beinamen Lao-Tse gab, was so viel bedeutet wie „der alte Meister". Von ihm stammt das Buch mit dem Titel „Tao Teh King" – zu deutsch übersetzt so ungefähr wie „Das heilige Buch vom Weg und der Tugend".

Lao Tses Philosophie beruht auf der uralten Weisheit, dem I Ging. In ihm beschreiben die 64 Trigramme die Weisheit der gesamten Welt.

Für Lao Tse ist das Tao nicht nur der Weg, es ist der nicht zu beschreibende Urgrund der Welt. In ihm ist alles Werden enthalten. Es selbst ändert sich nie, aber es ist die Ursache aller Veränderungen. Das Tao selbst ist unbegreifbar und im Grund nicht benennbar. Es ist Ursprung und Ziel aller Dinge. Es ist in allem und alles ist in ihm.

Es ist daher im Sinn von Lao Tse völlig unsinnig, nach Details der Schöpfung zu forschen und zu suchen, da wir das, was hinter den Dingen steht und ruht, nicht begreifen, ja, nicht begreifen können.

Aber aus ihm haben sich die Dinge entwickelt, die sich polar gegenüberstehen und damit die sichtbare und erfahrbare Welt aufspannen: Himmel und Erde, das männliche schöpferische, helle Prinzip, das Yang, und das weibliche, empfangende und gebärende Prinzip, das als Yin bezeichnet wird.

Man nimmt an, dass Konfuzius und Lao Tse sich einmal in der damaligen Hauptstadt begegnet sind. Im Gegensatz zu Lao Tse, der das Handeln durch Nichts-Tun, durch Kontemplation, durch Stille so sehr betonte, interpretierte Konfuzius den Begriff des Tao mehr als den Weg, der durch praktisches Handeln gekennzeichnet ist. Wichtig war für Konfuzius , den Menschen beizubringen, wie man richtig lebt und vor allem zusammen lebt, da die damalige Zeit durch einen drohenden Zerfall Chinas gekennzeichnet war.

Da sein Hauptinteresse der praktischen Lebensführung galt, sind von ihm wenig Gedanken überliefert, die sich mit einem Anfang und der Schöpfung beschäftigen.

Die persische Religion des Zarathustra

Es war die Zeit, als der babylonische König Nebukadnezar II Jerusalem eroberte, als bei den Persern ein Mann namens Zarathustra in die Öffentlichkeit trat. Die Perser waren zu der damaligen Zeit noch durch die Meder beherrscht, aber begannen diese Unterdrückung abzuwerfen. Zarathustra, den die Griechen Zoroaster nannten, kam in der Nähe des heutigen Teheran zur Welt. Über seine Jugend wird viel gerätselt, es soll Wunder und merkwürdige Vorzeichen gegeben haben.

Mit zwanzig Jahren wurde er Einsiedler, im dreißigsten Lebensjahr hatte er eine Offenbarung. Ihm erschien Ahura Mazda, der „weise Herr" und übergab ihm die Avesta, das Buch des Wissens und der Weisheit. Zarathustra fühlte sich zum Propheten berufen und lehnte die vorherigen Religionen ab, was ihn bei den Priestern unbeliebt, ja sogar verhaßt machte.

Aber Ahura Mazda war zwar ein allwissender, guter Gott, hatte sich aber gegen einen Gegenpol namens Ahriman zu wehren, der das Böse und das Finstere verkörperte.

Ahura Mazda erschuf Himmel und Erde und er erschuf den Menschen als „gutes" Geschöpf mit allen Freiheiten, aber er hatte sich gegen die Beeinflussung durch Ahriman zu wehren.

Die Religion des Zarathustra war erst von Anfangsschwierigkeiten begleitet, es gab Auseinandersetzungen, in einer davon Zarathustra wohl den Tod fand. Aber später unter Dareios I wurde sie Staatsreligion. Von Dauer blieb sie allerdings nicht, der Mithras-Kult gewann wieder mehr Anhänger und der Islam verdrängte dann diese Religionen völlig.

Indische Mythen vom Beginn der Welt

Die Dichter und Philosophen des 18. und 19. Jahrhundert betrachteten das Gedankengut Alt-Indiens durchaus als eine große Bereicherung für ihre eigene Entwicklung. Sie beschäftigten sich mit der Bhagavadgita und den Veden, besonders dem Rig-Veda.

Das heilige Buch des Vedismus, der „Rig-Veda", gilt als ältestes Buch der indischen Literatur und wird aufs zweite Jahrtausend v. Chr. datiert. In ihm kommen immer wieder Schöpfungsberichte vor. So entsteht die Welt manchmal aus dem Wasser, manchmal aus dem Nichts oder aus dem Urmenschen, dem Purusha, einer Art kosmischem Riesen, aus dessen Gliedmaßen die Lebewesen werden.

Der Vedismus ging in den Brahmanismus über, später dann in den Buddhimus, der wiederum vom Hinduismus abgelöst wurde.

Hier einige Zeilen aus dem Rig-Veda vom Ursprung der Dinge

Damals war nicht das Nichtsein, noch das Sein
Kein Luftraum war, kein Himmel drüber her.
Wer hielt in Hut die Welt, wer schloß sie ein?
Wo war der tiefe Abgrund, wo das Meer?

Nicht Tod war damals noch Unsterblichkeit,
Nicht war die Nacht, der Tag nicht offenbar.
Es hauchte windlos in Ursprünglichkeit
Das Eine, außer dem kein andres war.

Von Dunkel war die ganze Welt bedeckt,
Ein Ozean ohne Licht, in Nacht verloren;
Da ward, was in der Schale war versteckt.
Das Eine durch der Hitze Kraft geboren.

Aus diesem ging hervor zuerst entstanden,
Als der Erkenntnis Samenkeim, die Liebe;
Des Daseins Wurzelung im Nichtsein fanden

Die Weisen, forschend, in des Herzens Triebe.

...

Er, der die Schöpfung hat hervorgebracht,
Der auf sie schaut im höchsten Himmelslicht,
Der sie gemacht hat oder nicht gemacht,
Der weiß es! – oder weiß auch er es nicht?

Eine gewisse Ähnlichkeit mir der Theogenie der Alten Griechen finden wir mit dem Wort Liebe. Hesiod drückt es etwas anders aus, für ihn ist Eros etwas Gleichwertiges, denn es ist verbunden mit allem, was in die Schöpfung tritt. Mit Eros tritt immer etwas Neues in die Welt.

Unter dem Brahmanismus entstanden ebenfalls Schöpfungsmythen: So lesen wir in einer Geschichte:

Die Welt war anfangs Wasser, eine wogende Flut. Es wünschte sich fortzupflanzen, kasteite sich und tat Buße.

In einem anderen Vers lesen wir:

Nicht war diese Welt am Anfange nicht; nicht war sie. Diese Welt war am Anfange, und sie war nicht. Es war nur der Geist der existierte.

Auch in den Upanishaden finden wir Berichte über den Ursprung der Welt

Die Theogenie der Alten Griechen

Es liegt nahe, dass sich die Alten Griechen bereits Gedanken über das Woher und die Schöpfung gemacht haben. Der Dichter Hesiod, der ca 700 v. Chr. lebte, war von dem Gedanken beseelt, diese damaligen Gedanken in eine Versform zu kleiden. Damit versuchte er die mythischen Vorstellungen seiner Zeit zu einer einheitlichen theologischen und kosmologischen Deutung des Weltganzen zu umfassen.

Im Gegensatz zu unserer heutigen Naturwissenschaft, die sich dem Urknall verschrieben hat, umgeht Hesiod dieses Thema und beginnt mit der Entstehung der Götter.

Ein kühnes Bemühen für die damalige Zeit, denn wie konnte er sicher sein, dass die Götter mit seiner Version ihrer Entstehung zufrieden waren und es nicht als Blasphemie auffassten, um sich bei ihm zu rächen.

In unserer Kultur hat nach meinem Wissen noch niemand den Mut gehabt, den Gott der Christen als Geschöpf und nicht als Schöpfer zu beschreiben.

Hesiod macht es sich poetisch einfach: Er ruft die Musen an, sie mögen ihm erzählen, was von allem zuerst entstand und ihn bei seinem Unterfangen unterstützen.

Wahrlich, zu allererst entstand
Die gähnende Leere (Chaos),
Alsdann aber die Erde (Gaia) mit ihrer breiten Brust,
Fort und fort sicherer Sitz von allen.

Das Chaos hat in dieser Aussage die Bedeutung von Ungeordnetsein im Gegensatz zum Kosmos, der für den Begriff der Ordnung steht.

Eine Parallele, wie wir später noch sehen werden, finden wir in der Schöpfungsgeschichte (griechisch: Genesis) unserer Bibel: Und die Erde war wüst (Chaos!) und leer.

Und Eros (das Liebesbegehren), der der schönste ist
Unter den todfreien Göttern, der Gliederlösende,
Aller Götter und aller Menschen
Sinn und verständige Absicht
Bezwingt er in ihrer Brust.

Eros in dieser Phase hat noch nichts gemein mit dieser kleinen Putte, die Aphrodite begleitet und in den Menschen die Liebe entfacht. Hier bedeutet Eros die geheimnisvolle Macht, die die Gegensätze zu einander zieht, sie miteinander vermählt und somit Neues zeugt und Entwicklung einleitet. Es widerspiegelt die Begriffe These und Antithese, aus denen durch Eros das neue Prinzip Synthese hervorgeht, das Neuerung und Entwicklung, Abstreifen des Alten darstellt, bis es sich wiederum in These und Antithese aufspaltet.

Aus der gähnenden Leere entstanden
Erebos (die Region der Finsternis) und dunkle Nacht
Aus der Nacht dann wieder entstanden
Himmelshelle und Tag,
Die sie gebar schwanger von Erebos,
In Liebe sich ihm vereinend

Erebos ist die schwer verständliche erste Emanation der Leere, also das erste Etwas, wenn auch noch nicht materiell greifbar

Und die Erde (Gaia) aber brachte zuerst hervor
Gleich weit wie sie selbst
Den Himmel (Uranos) den gestirnten,
Daß er sie überall einhülle.
Auf dass er sei den seligen Göttern
Fort und fort ohne Wanken.
Und sie gebar die weiten Berge
...
Die Erde brachte einiges hervor. Und jetzt kommt etwas Entschei

dendes:

Und darauf hielt sie Beilager mit dem Himmel
Und sie gebar den Okeanos, ihn mit seinen tiefen Wirbeln

Und die Göttinnen Theia und Rheia

Bei diesem Beilager ist wieder Eros von Bedeutung, der die Gegensätze zur Vereinigung anzieht
Nunmehr folgt eine Aufzählung des Geschlechtes der Titanen, die sie gebar, 6 Töchter und 6 Söhne. Der wichtigste ist der Jüngste, denn er leitet mutig eine Entwicklung ein.
Das Wort Titan, das unsere Zeit für alle möglichen banalen Bezeichnungen gebraucht, entstammt dem griechischen Wort titanein – sich recken im Sinn von sich auflehnen, sich aufbegehren.

Nach diesen wurde als Jüngster geboren Kronos,
Der haßte den kraftvollen Vater.

Neben den Göttern gebar Gaia dem sich ständig nähernden Uranos eine Reihe von ungeheuer-ähnlichen Wesen, die auch der Vater haßte, worauf Gaia sie in die Unterwelt, den Tartaros verbannte, wo sie sich dann unruhig bemerkbar machten, zum Beispiel in Form von Erdbeben und Vulkanausbrüchen.
Gaia war irgendwann der ständigen Besuche des Himmels mit seinen Folgen leid und überredete ihren Jüngsten, den Vater bei seiner nächsten Annäherung mit einer Sichel zu entmannen. Was dieser auch dann tat.
Das Abgeschnittene warf er hinter sich ins Meer, wo es in der Nähe der Insel Kythera landete.

Und jetzt kommt eine der merkwürdigsten Entstehungen der griechischen Mythologie: Die mehr unpersönliche Macht des Eros bekommt eine persönliche Gestalt in Form einer Göttin.

26

Dort wo die Teile des Uranos ins Meer fielen schäumte das Meer auf und es entstand ein schönes Wesen, Aphrodite, die Göttin der Liebe, des Zueinanders und der sexuellen Beziehung. Bei Zypern stieg sie leichtfüßig an Land und wurde seltsamerweise gleich in den Olymp geholt, obwohl die Olympier noch gar nicht an der Reihe waren.

Botticelli: Die Geburt der Venus (Aphrodite)

Bei all diesen mythischen Vorgängen darf man es mit der Zeit in unserem Sinn nicht so genau nehmen.

Hesiod nennt seine Dichtung Theogenie – also Entstehung der Götter. Da wir die wichtigsten und anfänglichsten Daten erwähnt haben, nur in Kurzform die Fortsetzung.

Das neue Geschlecht der Titanen übernimmt die Herrschaft. Kronos ehelicht Rheia, wen sollte er auch groß nehmen, es gab ja wenig andere.

Dieser Ehe entstammen die Göttinnen Hestia, Demeter und Hera, die Götter Hades, Poseidon und Zeus. Kronos wurde geweissagt, dass ein Sohn ihn ebenfalls entmachten würde und fraß die Kinder auf, bis auf Zeus, den ihm Rheia geschickt und trickreich entzog.

Zeus erlöste seine Geschwister und sie zogen gegen die Titanen in einer riesigen, Erde und Himmel umfassenden Schlacht zu Felde und gewannen. Zeus zog auf den Olymp, Poseidon übernahm das Meer und die Flüsse. Hades wurde der Herrscher der Unterwelt.

Ob sie bis heute überlebt haben – wer weiß?

Interessant ist auch das frühe Entstehen der Dunkelheit, denn nur in ihr und durch sie ist das Licht, ist die Helligkeit erst wahrnehmbar.

Zu den Göttern der Griechen muß man noch eines hinzufügen: Sie haben einen irgendwie antropomorphen Charakter mit allen menschlichen Stärken und Schwächen, allerdings auf einer höheren, der olympischen Ebene. Die von mir gern gelesenen griechischen Sagen und Mythen haben oft einen vergnüglichen und erheiternden Aspekt.

Und doch scheint es hinter all den Göttern bis zum Anfang hin ein geheimnisvolles Etwas, ein Numisosum zu geben, dem die Götter sich fügen müssen und das ursächlich dafür steht, dass überhaupt etwas entstanden ist.

Die griechischen Philosophen

Thales von Milet (625 – 547)

Er lebte in einer Zeit, in der in Persien Zarathustra lehrte, im fernen China Lao-Tse und Konfuzius wirkten und in Indien Buddha seine Wanderung begann.

Man möchte fast annehmen, als ob die Zeit manchesmal wie ein schöpferisches Agens bestimmte Themen und Ansichten aus der Latenz in die Bewußtseine der Menschen hineinzieht. Wobei die Zeit per se offenbar nur eine Art notwendiges Medium für die Entwicklung der Menschen ist.

Thales begann für die damalige Zeit ungewöhnliche Fragen zu stellen. Er fand es unzureichend, das Unbegreifliche und Geheimnisvolle mit dem Wirken und Walten menschenähnlicher Götter zu erklären. Er fragte nach dem Ur-Grund aller Dinge, nach dem „Prinzip des Seienden". Die Griechen nannten es „Arché" – den Beginn. Er beobachtete des ständige Werden, Wandeln und Vergehen. In seinen Überlegungen fand er das Wasser als den Stoff, der alles bewirkte. Alles sei aus dem Wasser entstanden, es wurde durch Wasser belebt und dadurch mit göttlicher Kraft erfüllt.

Anaximander (ca 610 – 546)

Er lebte ebenfalls in Milet und war mit Thales bekannt. Auch ihm erschien das ewige Werden und Vergehen, das er in seinem Umfeld beobachten konnte, eines Nachdenkens wert. Das Wasser allein als Agens erschien ihm zu vage und unbestimmt. So stellte er sich einen nicht-stofflichen Urgrund für alles Sein vor, aus dem alles hervorgeht und zu dem alles wieder zurückkehrt. Diese von ihm postulierte Grund-„Substanz" des Universums, in der Stoff und Geist noch voneinander getrennt sind, nannte er das „Apeiron". Es ist das Unendliche und Unbegrenzte.

Demokrit (460 – 370), Empedokles (495 – 435) und Anaxagoras (500 – 428)

Es ist erstaunlich, wie früh sich an den Küsten des Lichts, wie es Peter Bamm nennt, eine Vielzahl von Philosophen mit solchen Themen wie Materie, Stoff, Entwicklung und Beginn beschäftigt und, man kann es nur vermuten, sich gegenseitig in ihren philosophischen Betrachtungen befruchtet

Empedokles nimmt vier Urstoffe an: Feuer, Wasser, Luft und Erde. Durch Mischung und Trennung ist aus ihnen alles geworden, was es an Seiendem gibt. Diese Urstoffe sind unveränderlich, sind weder geworden noch können sie vergehen.

Er umgeht die berechtigte Frage nach dem Vorher. Die Urstoffe sind einfach da. Irgendeine Verbindung zu einem hinter den Stoffen liegendem Numinosen wird von ihm nicht beachtet.

Demokrit verlässt die Idee der vier Urstoffe und postuliert, dass das Seiende aus einer unendlichen Menge kleinster, nicht mehr teibarer Teilchen besteht, die er Atome nannte (vom griechischen Wort atomos – nicht teilbar).

Wie bei Empedokles sind diese Atome einfach da, sind existent – weitere Fragen stellten sich nicht.

Anaxagoras, der erste nicht in Kleinasien geborene Philosoph, der das Denken nach Athen brachte, suchte ebenfalls nach dem Urstoff. Jedoch meinte er, es könne nicht nur einen oder vier geben, sondern es müsse eine unbegrenzte Vielzahl voneinander qualitativ verschiedener Urstoffe geben, die er „Samen" oder „Keime" der Dinge nannte. Er fügt jedoch noch eines hinzu: Neben den vielen Urstoffen müsse es ein Agens geben, das eine Mischung der Urstoffe bewirkt und das farbige und zweckvoll geordnete Ganze der Welt kreiert. Er nennt es das „Nous" – einen denkenden, vernünftigen, unpersönlichen Geist. Dieser Geist ist solitär und mit nichts vermischt, das „reinste und feinste von allen Dingen".

Wie unschwer zu sehen ist, hat Anaxagoras die Gedanken seiner Mit-Philosophen erweitert und man kann ihn als eine Art Vorläufer von Platon und Aristoteles ansehen,

Die Kosmologie des Platon (427 - 347)

Platos Betrachtung der Erschaffung der Welt ist völlig anders geartet als die mehr poetische des Hesiod, so dass ich ihm ein Extrakapitel widmen möchte. Zudem hat es keinen Bezug zur Mythologie, sondern es sind die ersten weitgehenden Ansätze einer Betrachtung der Welt mit dem Medium des Denkens. Logik wäre allerdings ein Fehlbegriff, da diese stets das Kriteriums des Beweises erfordert.

Platon ist in sofern ein besonderer Fall der Geschichte der Philosophie, da von den rund eintausendvierhundert Seiten, die von ihm überliefert sind, nicht eine einzige als von ihm selbst verfasst scheint, sondern er spricht immer über andere Personen, denen er seine Worte in den Mund legt.

In den ersten und mittleren Dialogen ist es Sokrates, in den späteren Werken sind es Fremde.

In seinem Spätwerk, dem Timaios, im letzten Lebensjahrzehnt verfasst, findet ein Gespräch über die Weltschöpfung statt.

So läßt er Timaios unterscheiden zwischen dem stets Seienden, das nie entstanden ist, und dem stets Werdenden. Etwas später sagt Timaios wiederum, wir müssen der Wahrscheinlichkeit nach annehmen, daß durch Gottes Fürsorge diese Welt als ein Beseeltes und in Wahrheit mit begabtes Lebewesen entstanden sei.

Er läßt sich weiter aus über die Kugelgestalt der Welt, über die Weltseele, die Zeit, über Planeten und Götter und zum Schluß über die Beseelung des Menschen.

Über den gesamten "Timaios" zu berichten würde den Rahmen dieses Buches etwas sprengen.

Bei einer Übersetzung ist es immer etwas problematisch, stets genau den Inhalt, den Sinn und die Bedeutung zu treffen, die dem Autor vorschwebte.

Platon nennt den Schöpfergott oft Demiourgos, das soviel bedeutet wie Schöpfer, Urheber. Zugleich schwingt in der Bezeichnung so etwas wie Künstler und Werkmeister mit. Vielfach nennt er ihn einfach Gott.

Bei den späteren Gnostikern ist der Titel Demiurg für eine untergeordnete Gottheit gedacht, die sich mit und in die Materie einlässt, während der ewige Gott hoch über allem Materiellen thront.

Bei Platon ist der Demiurg aber eindeutig die oberste Gottheit, deren eigentliches Wesen aber unbestimmt bleibt.

Ebenso wie in der biblischen Genesis bleibt die Frage, warum der Demiurg die Welt erschafft, unbeantwortet. Die Absicht des Demiurgen, der selbst ohne Neid und gut ist, liegt darin, eine gute und möglichst vollkommene Welt zu schaffen.

Im Unterschied zur Schöpfungsgeschichte der Bibel erschafft der Demiurg die Welt aber nicht aus dem Nichts, sondern er findet bereits zwei wesentliche „Schöpfungshilfen" vor:

Das eine ist die Welt der Urbilder, der ungewordenen, unwandelbaren und unvergänglichen Ideen, die nur dem Denken, also einem geistigen Prozess, zugänglich und fassbar sind. Aus dieser Welt des Seins mit ihren Ideen schafft der Demiurg ein Abbild in Form der Welt des Werdens, womit also zugleich das Entstehen und auch Vergehen einhergeht. Diese Welt ist im Gegensatz zu der Welt des Seins sichtbar und wahrnehmbar.

In einer grandiosen Formulierung nennt er sie „ein bewegtes Abbild der Ewigkeit".

Die Ewigkeit per se ist ein immerwährendes Zugleich ohne Zeit und Änderung, das Abbild hingegen ist durch die Bewegung eine Auffächerung in die Zeit.

Dasjenige, in das nunmehr die Schöpfung hinein geschaffen wird, liegt wie die Urbilder bereits vor, es ist der Raum. Kein leerer Raum im herkömmlich dreidimensionalen Sinn, sondern ein Raum gefirnt mit sich bewegenden Urelementen. Die Bewegung erfolgt ungeordnet und ohne Regeln. Die Urelemente werden wie in einem Sieb geschüttelt. Dieser Urraum ist weder dem Denken noch der Wahrnehmung zugänglich.

In dieses Urraum-Chaos bringt der Demiurg etwas Ordnendes hinein, so dass aus den ungeformten Urelementen die vier Grundelemente der Schöpfung werden. Damit wird dem Raum eine Art Sinn gegeben.

Es ist schwer, den Charakter des Urraumes zu beschreiben, man könnte es im Sinn einer Umschreibung als das Aufnehmende, das Raum Gewährende bezeichnen.

Die Bezeichnungen und Namensgebungen für diesen Urraum variieren denn auch. Platon verwendet Wörter wie Bergungsort, Aufnahme oder gar Amme des Werdens. Weitere Begriffe sind „Sitz des Werdens", das allem Werdenden Sitz und Wohnung verleiht, oder gar „Zisterne".

Man sieht, wie Platon um Begriffe ringt und sich dabei, so gut er kann, der Dinge aus der gewohnten Umwelt bedient. Er versucht, das Unbeschreibbare zu umschreiben. Er vergleicht es auch mit einer Matrize oder „Knetmasse", die durch ihre Formlosigkeit und unendliche Aufnahmebereitschaft alle Formen auf- und annehmen kann.

Vergleicht man diese Interpretation oder Umschreibung des Uranfangs mit der noch zu besprechenden wissenschaftlichen Erklärung, so liegen Welten dazwischen. Hier ist es die Annahme von Urbildern, die als Idee einem Demiurgen als Form für das zu Schaffende dient.

Die Naturwisssenschaft, wie wir später noch sehen werden, stellt einfach einen Knall an den Anfang.

Die Schöpfungsideen des Aristoteles (384 – 322)

Aristoteles, aus dem Ort Stageira in Thrakien stammend, wurde in die Akademie des Platon aufgenommen und entwickelte sich mit eigenen Ideen zu seinem berühmtesten Schüler. Zu seinem Leidwesen wurde er nicht Platons Nachfolger, weil er kein gebürtiger Athener war.

Berühmt wurde er auch da er für drei Jahre als Lehrer Alexanders des Großen, bis nach dem Tod Philipp II sein Sohn Alexander die Regierungswürde übernehmen musste.

Von seinen vielen Schriften sind leider nicht alle erhalten, aber wir wissen trotzdem einiges über sein Leben und seine philosophischen Gedanken.

Die sich im Stoff verwirklichende Form, diese im Organismus liegende Kraft, die seine zielgerichtete Entwicklung und Vollendung bewirkt, nennt Aristoteles „Entelechie". Bei Goethe finden wir es in den Orphischen Urworten wieder: „Geprägte Form, die lebend sich entwickelt".

Die Seele ist die Entelechie des Körpers. Das Unsichtbare wirkt auf Form und Stoff prägend ein, und zwar durch Bewegung. Bewegung kann aber nur stattfinden, wenn ein Impulsgeber vorhanden ist, der einer Anstoß gibt. Der wiederum bedarf auch einer Bewegung. So könnte man die Kette weiter fortsetzen.

So meint Aristoteles, dass am Anfang der Anstoß einmal von einem Bewegenden ausgegangen sein muß, das sich selbst nicht bewegt. Von diesem ersten Bewegenden nimmt alle Bewegung seinen Ausgang. Dieses erste Bewegende darf nicht selber bewegt sein, sonst müsste man ja weiter fragen, wovon es denn seinerseits bewegt wird und es könnte kein erstes Bewegendes sein. Das kann nur die reine Form ohne Stoff sein, das schlechthin Vollkommene. Dieses reine Denken, dieser reine Geist ist Gott. Gott, der erste Beweger, war von Ewigkeit an. Er durchdringt die Welt und treibt sie zur Entwicklung nach höheren Formen.

Er vermeidet oder umgeht damit philosophische Gedanken zum Ursprung der Welt, des Seienden, sondern impliziert ein für menschliche Vorstellungen nicht nachvollziehbares Wesen, das für den Gang der Dinge „ur-sächlich" ist.

In einem wichtigen Punkt unterscheidet er sich von seinem Lehrer Platon. Er betrachtete dessen Ideenlehre als eine willkürliche Konzeption, die mit den Tatsachen der Erfahrung nicht in Einklang gebracht werden konnte. Für Platon war das Allgemeine, die Idee das Wirkliche, die Einzeldinge waren nur unvollkommene Nachbildungen.

Aristoteles hingegen vertraut mehr der Wahrnehmung durch unsere Sinne, er geht von den Einzeldingen folgernd auf das Allgemeine aus.

Interessant ist eventuell noch folgender Zusatz: In der ersten Ausgabe des Gesamtwerks von Aristoteles standen seine philosophischen Betrachtungen hinter den Büchern über Physik und Naturwissenschaften, also „meta physika" – daher stammt der ursprüngliche Name Metaphysik, ein Begriff, der damals und später jahrhundertelang die ganze Philosophie als „Königin der Wissenschaften" umschrieb.

Die Biblische Schöpfungsgeschichte

Im Rahmen einer christlichen Erziehung, sei es im Religionsunterricht oder der Konfirmandenstunde wird ein Deutscher mit der Bibel konfrontiert und stößt dabei auch auf die ersten Worte der Bibel:

Im Anfang schuf Gott den Himmel und die Erde.

Die Erde aber war wüst und leer. Finsternis lag über dem Abgrund und der Geist Gottes schwebte über den Wassern.

Da sprach Gott: „Es werde Licht !" Und es ward Licht.

Gott sah, dass das Licht gut war, und Gott schied zwischen dem Licht und der Finsternis.

Gott nannte das Licht Tag und die Finsternis nannte er Nacht.

Es ward Abend, und es ward Morgen: Erster Tag.

Nun sprach Gott: Es werde ein Firmament inmitten der Wasser und scheide zwischen Wasser und Wasser!" Und es geschah so. Gott machte das Firmament, und er schied zwischen den Wassern unterhalb des Firmaments und den Wassern oberhalb des Firmaments. Gott nannte das Firmament Himmel. Es ward Abend und es ward Morgen: Zweiter Tag.

Nun sprach Gott: „Es sammle sich das Wasser, das unter dem Himmel ist, zu einer Ansammlung, und es erscheine das trockene Land!" Und es geschah so. Gott nannte das trockene Land Erde und die Ansammlung des Wassers nannte er Meer. Und Gott sah, dass es gut sei.

Dann sprach Gott: „Es lasse grünen die Erde Grünes, Kraut, das Samen bringt, und Fruchtbäume, die Früchte auf Erden tragen nach ihrer Art, in denen ihr Same ist. Und es geschah so. Die Erde brachte Grünes hervor, Kraut, das Samen bringt nach seiner Art, und Bäume, die Früchte tragen nach ihrer Art, in denen ihr Same ist. Und Gott sah, dass es gut war. Es ward Abend und es ward Morgen: Dritter Tag.

Nun sprach Gott: Es sollen Leuchten werden am Firmament des Himmels, damit sie scheiden zwischen dem Tag und der Nacht; sie sollen als Zeichen dienen, für Festzeiten und Tage und Jahre. Sie sollen Leuchten sein am Firmament des Himmels, um über die Erde zu leuchten." Und es geschah so. Gott machte die beiden großen Leuchten, die größere Leuchte zur Herrschaft über den Tag, die kleinere Leuchte zur Herrschaft über die Nacht, dazu die Sterne. Gott setzte sie an das Firmament des Himmels , damit sie über die Erde leuchten, damit sie über den Tag und über die Nacht herrschen und zwischen dem Licht und der Finsternis scheiden. Und Gott sah, dass es gut war. Es ward Abend und es ward Morgen: Vierter Tag.

Nun sprach Gott: „Es sollen die Wasser wimmeln vom Gewimmel lebendiger Wesen, und Vögel sollen über die Erde am Firmament des Himmels hinfliegen," Und es geschah so. Gott schuf die großen Seetiere und alle lebendigen Wesen, die sich regen und von denen das Wasser wimmelt, nach ihren Arten. Und Gott sah, dass es gut war. Gott segnete sie und sprach: „Seid fruchtbar und mehret euch und erfüllet das Wasser in den Meeren, und die Vögel sollen sich vermehren auf Erden." Es ward Abend und es ward Morgen: Fünfter Tag.

Erst am fünften Tag tritt also erstmals das Prinzip Leben in Erscheinung. Erst am sechsten Tag erschuf Gott den Menschen:

Und Gott schuf den Menschen nach seinem Bilde, nach dem Bilde Gottes schuf er ihn, als Mann und Frau schuf er sie.

Wer jetzt die Bibel weiter liest, denn es geht ja weiter um das Thema Schöpfung, wird etwas verwirrt sein. Denn im zweiten Kapitel der Genesis heißt es: Dann bildete Gott der Herr den Menschen aus einem Erdenkloß und er blies ihm ein den lebendigen Odem in seine Nase. Und also ward der Mensch zu einem lebendigen Wesen.
Zuvor handelte es sich mehr um die Idee des Menschen. Jetzt erst werden aus dem einen Menschen zwei, indem der Herr aus der Rippe

des Menschen, wie Luther übersetzt, das Weib formt.

Die gähnende Leere wie bei der griechischen Theogenie finden wir auch am Beginn in der Bibel. Dort heißt es auf Hebräisch „Tohu wa bohu" – „Wüst und Leer". Eine Formulierung, die wir landläufig in der Umgangssprache für ein ungeordnetes Durcheinander verwenden. Ich muß für meine Person ganz verschämt gestehen, dass ich es früher für ein Wort hielt, dass dem Indianischen entstammt.

Auch das Wasser spielt eine Rolle – ähnlich wie in der ägyptischen Mythologie. Ähnlich ist auch das Agieren des Schöpfergottes Ptah, den wir bei den Mythen der Ägypter erwähnt haben: Er spricht – und was er aussagt, wird und geschieht.

Auch das trockene Land entsteht und erhebt sich aus der Urflut.

Luther übersetzte die ersten Kapitel der Bibel aus ihrer gräcisierten Fassung, die aus der hebräischen Urform, der Thora, den Heiligen Fünf Büchern des Mose, hervorgegangen ist. Es dürfte verständlich sein, dass bei Übersetzungen in einen völlig anderen Kulturkreis Feinheiten und Hintergründiges auf der Strecke bleiben kann.

Eine große Hilfe zum Verständnis der Urtexte waren für uns westlich geprägte Menschen die Bücher und Vorträge des jüdischen Weisen und Autors Friedrich Weinreb. Ich hatte das große Glück, ihn einige Male auch persönlich zu erleben.

In der jüdischen Thora gewinnen wir einen völlig anderen Zugang zum Thema der Schöpfung. In der Schrift der Kabbala, der jüdischen Geheimlehre, besitzt jeder Buchstabe des hebräischen Alphabets neben dem Buchstabenwert einen Zahlenwert und einen Symbolwert. Das Aleph ist die Eins, der zweite Buchstabe Beth die Zwei usw.

Im Hebräischen lauten die ersten beiden Wörter der Schöpfungsgeschichte

     Bereshit Bara

wobei der erste Buchstabe Beth immer groß geschrieben wird als Verneigung vor dem Wunder der Schöpfung und weil eben etwas völlig Neues eintritt.

Der Zahlenwert lautet für Bereshit 2 - 200 – 1 –300 – 10 – 400

Für das zweite Wort Bara lautet der Zahlenwert 2 – 200 – 1, also eine Widerholung der ersten Zahlen von Bereshit.

Es verstärkt und betont noch einmal die „2"

Wie wir in der deutschen Fassung bereits gesehen haben, hat Schöpfung immer etwas mit einer Zweiheit, mit Aufspaltung zu tun: Aufteilung in Himmel und Erde, in festes Land und Wasser, Licht und Dunkel – in Gegensätze also.

Beide Wörter beginnen also mit einer Zwei. Ein Zufall – mit Sicherheit nein.

Was bedeutet das?

Mit der 2 tritt etwas Neues auf, es wird etwas geschaffen

Um es zu verstehen, müssen wir uns immer wieder vor Augen halten, dass die Bibel kein naturwissenschaftliches Buch ist und auch überhaupt nicht sein möchte.

Es geht um nicht mehr oder weniger als um die Beschreibung oder noch treffender: um die Umschreibung eines Mysteriums.

Unsere materielle Welt, also die geschaffene Welt, in der der Mensch lebt, ist polar.

In diesem Spannungsfeld von zwei Polen versucht der Mensch sich einigermassen durchs Leben zu schlagen, das heisst, er braucht für die Orientierung in seinem So-Sein einfach zwei auseinanderliegende Eckwerte – so möchte ich es einmal behelfsmässig formulieren – die ihm die Welt aufspannen.

Es gibt hoch und tief, weit und nah, heiss und kalt, schön und hässlich, schwarz und weiß, hell und dunkel,Tag und Nacht, Stille und Lärm, Liebe und Hass, in der chinesischen Philosophie Yin und Yang, usw usw – man könnte diese Differenzierung immer weiter führen. Ohne diese Pole wäre der Mensch ein hilfloses Wesen, er wäre sprach- und orientierungslos. Es ist wieder interessant, dass unsere Sprache für diese Zwecke sich des Wortes „Orient" bedient, als ob von da eine gewisse Hilfe zu erwarten ist (in Anbetracht der jetzigen Zustände müßte man das Wort *ist* ersetzen durch das Wort *wäre*).

Mit dem Entstehen der Welt entsteht also zugleich die Zwei. Der

Eine, der Schöpfer, Gott entlässt diese Schöpfung aus der Einheit. Ähnliche Gedanken finden wir im Tao Teh King von LaoTse.

Und er entlässt sie aus der Einheit, damit sie sich vervielfältige, in alle Seiten differenziere, die Welt „auskoste", Erfahrungen sammle, sich entwickle.

Dies entspricht der Zahl 200 – eine der jüdischen Zahlen-Mythologie entsprechende Entfaltung der Zwei bis an die Grenzen des Möglichen, denn die Zahl 200 ist die höchste Vielfalt der Zwei.

Wie lange dieser Prozess der Entwicklung und Ausdehnung dauern kann oder wird, das ist Gottes Geheimnis. Es kann Hunderttausende oder Millionen von Jahren dauern. Es hat auch etwas mit der Bewusstseinsentwicklung des Menschen zu tun.

Aber das ist das Tröstliche in diesem Mysterium: Am Ende der beiden Zahlengruppen steht jeweils die Eins. 2 – 200 – 1.

Am Ende steht die Eins. Nach der Entfaltung in die höchstmögliche Vielfalt erfährt die Schöpfung die Rückkehr zur Eins. Die Eins ist das Ungeschöpfte, das Zweitlose, aber auch das Zeitlose, das Ungeoffenbarte, der Urgrund, aus dem alles hervorgegangen ist. Es ist das Ziel aller Endlichkeit. Am Ende aller Zeiten nimmt der Schöpfer die gesamte Schöpfung wieder zu sich zurück.

Das erste und zweite Wort enthält somit den gesamten Schöpfungsverlauf oder Schöpfungsplan in seiner kürzest möglichen Form. Wenn es nicht so vermessen klänge, könnte man sagen: Es ist die Stenografie des Universums.

Ob diese Schöpfung die erste ist, ob dieses Universum das erste seiner Art ist – wer kann es wissen? Vielleicht hat es schon unzählige Universen vor diesem All gegeben. Der Mensch mit seiner winzigen Lebensspanne kann darüber nur spekulieren, nur philosophieren. Es ist für seinen Beitrag zur Evolution und zur Bewusstseinsentwicklung auf diesem Planeten und in diesem Kosmos jedoch absolut unwichtig.

Die Bibel interessiert sich nicht dafür, ob diese Welt mit einem Knall begonnen hat, dem Urknall. Der Schöpfer benötigt keine Explosion, um ein Universum zu erschaffen. Man denke an die ersten

Worte des Johannes-Evangeliums, des Jüngers, der wohl am tiefsten mit den Gedanken Jesu vertraut war:

Am Anfang war das Wort, und das Wort war bei Gott, und Gott war das Wort.

Thorwald Dethlefsen, ein Mann der mächtigen Sprache und einer meiner grossen Lehrer und leider so früh verstorben, formuliert es in „Siebzehn Jahre später" – ein Nachwort zu ‚Krankheit als Weg' wie folgt:

„Bevor Schöpfung stattfindet, bevor irgendetwas ins Dasein tritt, gibt es „nichts" – so jedenfalls würde der Mensch es ausdrücken – jedoch ist dieses „nichts" gleichzeitig „alles", nämlich reines Sein ohne Unterscheidbarkeit. Dieses Sein hat keine Grenze, es ist überall, es ist keiner Veränderung unterworfen, es ist ewig, es ist keinem Einfluss unterworfen, es ist nicht gut, es ist nicht böse, es ist nicht dies, es ist nicht jenes .... es ist Gott, reines Licht, alles in sich enthaltend in seiner Ununterscheidbarkeit. Dieses Nichts, das alles ist, dieser Gott, der noch kein Schöpfergott ist, der noch nicht in die Manifestation getreten ist, der nur ist, aber nicht existiert (existieren kommt vom lateinischen Wort ex-sistere – heraus-, hervortreten.). Diesen Gott kann der Mensch sich nicht vorstellen, kann ihn nur sprachlich formulieren, denn unser polares Bewusstsein kann nicht mit dem Unpolaren umgehen."

Der erste Satz der Bibel enthält ein weiteres grosses Rätsel. Noch einmal die ersten drei Worte:

Bereschit bara Elohim.

Das dritte Wort lautet also „Elohim".

Luther übersetzt dieses Wort einfach in Anlehnung an die griechische Bibelübesetzung mit Gott. Im Hebräischen hat jedoch die Endung "ohim" einen Mehrzahlcharakter.

Ist das nun ein Plural majestatis oder was bedeutet dieser für uns geheimnisvolle Plural?

Darüber ist viel gerätselt worden.

40

Thorwald Dethlefsen schreibt dazu in Anlehnung an den Sohar, eines der heiligen Bücher der jüdischen Mystik: Es muss heissen:

„Im Anfang schuf ER die Elohim".

Das Wort Elohim hier also nicht als Nominativ sondern als Akkusativ.

Elohim ist somit der Gott, der in die Manifestation getreten ist und viele Zustandsformen besitzt, die sich in den verschiedenen Namen der hebräischen Bibel zeigen.

Andere Autoren geben eine modifizierte Interpretation an.

Der EINE schafft aus sich heraus eine Art Hierarchisierung, die für bestimmte Bereiche zuständig ist.

In der jüdischen und auch christlichen Mythologie sprechen wir von Erzengeln und Engeln – eine bildhafte, für das in dieser Beziehung etwas eingeschränkte menschliche Verständnis geschaffene Symbolik.

Und so wäre es denkbar, dass jene Elohim der hebräischen Genesis die von IHM beauftragten Baumeister und Schöpfer dieser Welt sind.

Nikolaus Cusanus (1401 – 1464)

Den Namen kannte ich nur vom Hörensagen, erst bei den Literatur-Recherchen für dieses Buch, kam ich ihm und seinem Wirken näher.

Die westliche Welt der ersten Jahrhunderte nach Christi Geburt ist geprägt durch die Bibel und die Religion. Die Welt entstand, wie es im Ersten Buch Mose, in der Schöpfungsgeschichte, steht. Abweichende Gedanken oder Theorien waren von der Kirche außerordentlich ungern gesehen und wurden in den schlimmsten Fällen sehr streng geahndet.

So ist es nachgerade erstaunlich, dass in der damaligen Zeit ein Mann auftrat, der es wagte, neue Gedanken (vorsichtig) in die Welt zu setzen: Nikolaus Cusanus (1401 – 1464).

Er stammt aus Kues an der Mosel – daher sein latinisierter Name. Er war der Sohn eines wohlhabenden Weinbauern. Er war von einer schöpferischen Unruhe erfasst und verließ mit 12 Jahren seine Eltern. Mit 15 Jahren studierte es in Heidelberg. Später ging er nach Padua, eine der damaligen führenden Universitäten Italiens. Sein Studium kann man als Studium generale bezeichnen. Er studierte alles, außer Theologie, das holte er später an der Universität Köln nach. Nach verschiedenen Posten gelangte er die letzten sechs Jahre seines Lebens als Generalvikar an die Seite von Papst Pius II.

Seine Betrachtungen zu Gott und zum Thema der Schöpfung sind für die damalige Zeit hoch interessant. Wenn es also um Gott geht, steht man vor einem unlösbaren Problem: Wir wollen mit dem Verstand etwas erfassen, was jenseits des menschlichen Verstandes liegt. Sein Fazit: Über „Gott" lässt sich nichts sagen, daher kann man über „Gott" nur schweigen.

Aus diesen Gedanken entwickelte er seine Kosmologie. Entgegen der kirchlichen Auffassung konnte die Erde nicht Mittelpunkt des Weltalls sein, das wäre für einen unbegreiflichen „Gott" unverständlich. Der Kosmos ist nach seiner Ansicht dynamisch und nicht statisch, alles ist in Bewegung. Cusanus meint in Anlehnung an seine

Vorstellungen, dass der Mensch mit seinen Versuchen, den Kosmos bis in Letzte zu ergründen und zu verstehen, scheitern muß. Würde man die Geheimnisse des Kosmos bis in alle Einzelheiten verstehen, würde man auch „Gott" verstehen, was aber, wie wir gerade gesehen haben, unmöglich ist, da „Gott" eben etwas ist, was außerhalb des menschlichen Verstehens liegt.

Daher gerät der suchende Mensch in eine Art Zwickmühle: Auf der einen Seite seine Neugier zu befriedigen, was absolut verständlich ist, aber auf der anderen Seite resignativ zu erkennen, dass sich seine Suche als illusorisch erweisen muß.

Es erscheint somit überflüssig, nach so etwas wie einen Anfang des Kosmos zu suchen und zu forschen, da wir nicht in der Lage sind, in die Pläne des Schöpfers Einsicht zu gewinnen.

Mir ist nicht bekannt, ob Cusanus die Atom-Theorie des griechischen Philosophen Demokrit gekannt hat. Aber er meint, dass das Bedürfnis des Menschen, die Materie zu verstehen, indem er sie immer weiter zerkleinert, verständlich ist, aber irgendwann beim absolut, kleinsten Unteilbaren landet.

So entwickelt er Gedanken, die durchaus ins späte 19. Jahrhundert passen könnten: „Zu den nachweisbar einfachsten Elementar-Einheiten, die ganz in Wirklichkeit sind, können wir nicht gelangen, ...wiewohl der Verstand das Dasein derselben glaubt."

Mit diesen Gedankengängen nimmt Cusanus eine Reihe moderner Überlegungen vorweg. Wir werden bei den Betrachtungen des Urknalls darauf noch einmal eingehen.

Schöpfungsmythen aus Nord-, Mittel- und Südamerika

Gemessen an der Vielzahl der Völker, Stämme und Kulturen ist das Spektrum der Schöpfungsmythen sehr hoch. Die Eskimos leben in einer völlig anderen Umgebung als beispielsweise die Inkas in Peru. Aus diesen Verschiedenheiten resultieren andere Götter und andere Erzählungen über die Erschaffung der Welt und der Menschen. Diese Geschichten, meistens nur mündlich überliefert, sind jedoch für die europäische Mentalität so fremdartig, auch was die Namensgebung anbetrifft, dass sie nur kurz gestreift werden sollen. Denjenigen, die sich intensiver damit befassen wollen, sei das Buch „Schöpfungsmythen" (Goldmann) empfohlen.

Bei den nordamerikanischen Mythen steht am Anfang auch die schwarze Dunkelheit und öde Leere. Der Schöpfer hat einen Gedanken und der Gedanke nahm Gestalt an. Dadurch entstand nach und nach die Welt mit allen Geschöpfen.

Bei den Mythen der Indianer tauchenoft Tiere im Zusammenhang mit der Entstehung der Welt auf.

In Mittelamerika sind es die Tolteken, Mayas und Azteken, die mit ihrer Religion die Fragen des Anfangs zu klären versuchten.

Die südamerikanische Kultur mit ihren Mythen und Erzählungen ist geprägt durch die Inkas, die sich vom zwölften bis zum fünfzehnten Jahrhundert ausbreiteten. Auch hier entstanden viele Geschichten, die auch auf den Beginn als Finsternis hinwiesen.

Wahrscheinlich ist vieles der amerikanischen Kulturen, die sich mit der Schöpfung befassten, verloren gegangen, da sich die spanischen Eroberer herzlich wenig um die indigene Kultur kümmerten, sondern mehr dem Gold nachstrebten.

Die Mythen der australischen Aborigines

Wenn sich eine Kultur fast 40 000 Jahre getrennt von allen anderen Kulturen entwickelt, dann ist zu erwarten, dass sich ein völlig anderer Weg herausbildet.

Eine der hervorstechenden Merkmale dieser Kultur ist die Traumzeit. Im Grunde kann man den Begriff der Ureinwohner überhaupt nicht übersetzen. Zwei englische Ethnologen übersetzten den Begriff mangels Ausdrucksmöglichkeiten einer modernen Sprache mit dem Wort dreamings, im Deutschen wurde daraus Traumzeit.

Diese Übersetzungen sind jedoch irreführend und missverständlich, da sie mit dem nächtlichen Träumen im Schlaf überhaupt nichts zu tun haben.

In einer heutigen Sprache könnte man das Wort Traumzeit cum grano salis als kulturell-religiöse Datenbank bezeichnen, in der Vergangenheit und Gegenwart in einem sich wandelnden Miteinander ständig vorhanden und abrufbar sind.

Vermutlich bereits seit der frühesten Besiedlung Australiens begannen die Menschen in Traumzeit-Legenden – die nur mündlich überliefert wurden – von der Erschaffung der Welt zu berichten.

Sämtliche Wesen, aber auch die Dinge der unbelebten Natur, haben ihren Ursprung und ihr Gegenstück, zB auch das Ahnenwesen, in der Traumzeit.

Es sind die Urzeitwesen dieser Schöpfungsgeschichte, etwa die auf Fels- und Höhlenmalereien dargestellten Figuren, die die Berge, die Flüsse, das Meer und den Himmel gestalteten, den Tieren und den Pflanzen ihren Namen gaben und den Menschen als Kulturheroen Waffen, Werkzeuge und Gesetze brachten.

Eine zentrale Figur in vielen Traumzeitvorstellungen ist die mythische Regenbogenschlange, denn sie „ist die Verschmelzung von zwei wichtigen Prinzipien, die die Einheit von Geist und Materie darstellen."

Bei manchen Stämmen, die sich im Laufe der Jahrtausende über den großen Kontinent verteilten, kommt die zentrale Rolle auch einem mythischen Känguruh oder Waran zu.

Es ist für europäisch geschulte und erzogene Menschen außerordentlich schwer, sich in eine so völlig andere Gedankenwelt von Völkern einzufinden, die sich Jahrtausende lang vom Rest der Welt abgekapselt hatten.

. Haben wir doch schon Schwierigkeiten, so manch altes Brauchtum der Alten Ägypter nachzuvollziehen oder bis in seine Tiefe zu verstehen, das immerhin nur drei bis viertausend Jahre zurückliegt.

Zitate zum Nachdenken

Bevor wir zur naturwissenschaftlichen Betrachtung des Beginns der Welt übergehen, zuvor vier Sätze von **Werner Heisenberg**, deutscher Nobelpreisträger. Von ihm stammt die berühmte Unschärfe-Relation. Zwei weitere Sätze zum Nachdenken stammen von Ralph Waldo Emerson und von Lao-Tse

Denn die kleinsten Einheiten der Materie sind tatsächlich nicht physikalische Objekte im gewöhnlichen Sinne des Wortes; sie sind Formen, Strukturen, oder im Sinne Platos, Ideen, über die man unzweideutig nur in der Sprache der Mathematik reden kann.

Der erste Trunk aus dem Becher der Naturwissenschaft macht atheistisch; aber auf dem Grund des Bechers wartet Gott.

Die Elementarteilchen können mit den regulären Körpern in Platos „Timaios" verglichen werden. Sie sind die Urbilder, die Ideen der Materie.

Die moderne Physik schreitet also auf denselben geistigen Wegen voran, auf denen schon die Pythagoreer und Plato gewandelt sind, und es sieht so aus, als werde am Ende dieses Weges eine sehr einfache Formulierung der Naturgesetze stehen, so einfach, wie auch Plato sie sich erhofft hat.

Mir ist lieber, in einer von Geheimnissen umgebenen Welt zu leben als in einer, die so klein ist, dass mein Verstand sie begreift.
Ralph Waldo Emerson

Das Allmächtigste in der Welt ist das, was nicht sichtbar, nicht hörbar, nicht fühlbar ist.
Lao-Tse

Die naturwissenschaftliche Schöpfung – Der Urknall

Religion und Naturwissenschaft lassen sich in den meisten Fällen nicht unter einen Hut bringen. So dürfte ein Astrophysiker das Wort „Schöpfung" wohl kaum in seinem Sprachschatz unterbringen und wenn ja, dann nur etwas distanziert bis widerwillig. Aus zweierlei Gründen: Es klingt zu sehr nach Bibel und Religion und damit würde er sich zudem bei seinen wissenschaftlichen Berufskollegen in ein merkwürdiges Licht rücken.

Der moderne Mensch ist zu sehr gepolt, in den Begriffen Anfang und Ende zu denken. Wenn man schon in Schwierigkeiten kommt, die Zukunft voraus zu sagen, so möchte man seinen Lesern und Schülern doch wenigstens etwas Genaueres über die Vergangenheit präsentieren. Es ist und bleibt daher ein spannendes Thema, sich Gedanken über das „Woher" zu machen, wenn wir das „Wohin" schon nicht wissenschaftlich umfassen, sondern nur spekulativ erwähnen können.

Während bei den Schöpfungsgeschichten der frühen Kulturen stets eine Beteiligung von Wesen verschiedener Art zu verzeichnen war, fehlt diese Beteiligung bei der wissenschaftlichen Theorie völlig.

Ich bin in meinem Buch „Der Urknall – Eine Fiktion der Astrophysik" ausführlich auf das Thema eingegangen, daher sollen an dieser Stelle noch einige weitere Gedanken, die mir in der Zwischenzeit einfielen, aufgeführt werden.

Hier hat es einfach geknallt, es war einfach der „Urknall". Ist das schon ein wenig ansprechendes Wort für ein so gewaltiges Ereignis, das immerhin letztendlich nach einigen Milliarden Jahren auch uns Menschen hervorgebracht hat, so ist der anglo-amerikanische Ausdruck „Big Bang" von einer ernüchternden und noch einfallsloseren Stupidität.

Und wie es sich für unsere unruhige und lärmdurchtoste Zeit gehört, muß es einfach geknallt haben, richtig schön geknallt haben, wie es sich für einen so großartigen Anfang gehört, und dazu noch vom ganzen Universum.

Vorher war also, so muß man die Wissenschaftler verstehen, nichts da. Und auf einmal passiert etwas, es bildet sich etwas. Aus dem absoluten Nichts soll etwas entstanden sein.

Nun muß man aber entgegnen: Nichtvorhandenes vorhanden werden zu lassen, ist wissenschaftlich undenkbar, außer durch Spekulation und dann ausschließlich durch einen transzendentalen Schöpfungsakt.

Und das fast tragisch zu nennende ist, dass die meisten Astrophysiker das nachplappern, ohne sich der aufdräuenden Fragen oder besser gesagt Fragenkomplexe bewusst zu sein. Wir wollen diese Ungereimtheiten in der Folge etwas näher betrachten.

In einer früheren Ausgabe der Zeitschrift „Sterne und Weltraum" schreibt der Autor G. Börner in einem Beitrag mit dem Titel „Die erste Sekunde":

„Die ersten Augenblicke des Urknalls stecken noch voller Rätsel - unser physikalisches Weltbild zeigt Lücken und Widersprüche.

Was war vor dem Urknall? Nach Meinung der Physiker ist dies eine unsinnige Frage, denn im Urknall entstand nicht nur die Materie, sondern mit ihr auch Raum und Zeit. Der Anfang der Welt ist ein singulärer Ausgangspunkt mit unendlichen Werten von Dichte und Temperatur, in dem die Zeit ihren Nullpunkt hat. Diese Anfangssingularität können wir mit der uns bekannten Physik allerdings noch nicht beschreiben. Hier müssen die Forscher neue Vorstellungen über den Zusammenhang von Raum, Zeit und Quantenfeldern erst noch entwickeln."

Ausgesprochen paradox wird es, wenn das Universum nach 10^{-34} Sekunden 10^{-28} Zentimeter groß gewesen sein soll! Das würde bedeuten, dass das Universum damals 100 Milliarden mal kleiner gewesen sein soll als der Kern eines Wasserstoffatoms!

Und daraus soll also alles entstanden sein, einschließlich der Idee, irgendwann einmal so etwas wie Menschen mit Bewusstsein entstehen zu lassen?

Man muß sich wirklich fragen, ob sich diese theorie-versessenen Astrophysiker nicht selbst einmal kritisch hinterfragen, ob sie sich nicht vor lauter Zahlenverliebtheit ins logische und physikalische Abseits bewegen! Selbst wenn sie dafür die Umschreibung „Singularität" für diesen Beginn verwenden.

Und es geht noch marktschreierischer weiter:

Weinberg beschreibt in seinem Buch „Die ersten drei Minuten" das Geschehen des Anfangs, als ob ein Reporter mit einem Mikrofon und einem Aufzeichnungsgerät dabei gewesen wäre. Es wird für jede Zehntelsekunde des Anfangs genau aufgeführt, was passiert sein soll.

Schauen wir uns die Theorie etwas genauer an.

Also zuerst ist da nichts, es gibt absolut nichts. Das ist für das menschliche Gehirn absolut unvorstellbar, denn der Mensch kann sich ein „Nichts" nicht vorstellen. Er braucht immer etwas, an das er seine Gedanken anheften kann. Wenn er „Nichts" denkt, dann steckt dahinter stets ein Raum, in dem nichts drin ist.

Dann also gibt es den ominösen Knall – das soll vor rund 14 Milliarden Jahren passiert sein.

Wie kommt man darauf?

Im Jahr 1923 gelang es dem amerikanischen Astronomen Edwin Hubble nachzuweisen, dass es neben unserer Milchstraße weitere Galaxien im Universum gibt. Mit einem lichtstarken Teleskop und einer Spektralanalyse des einfallenden Lichts des fernen Galaxien beobachtete er 1929 eine Verschiebung der Spektrallinien zum roten Ende des elektromagnetischen Spektrums, also zu den größeren Wellenlängen hin. Diese Rotverschiebung deutete Hubble als Doppler-Effekt. Die entfernten Galaxien schienen sich von uns fortzubewegen. Je weiter entfernt sie waren, detso größer war diese Rot-Verschiebung.

Wir kennen diesen Doppler-Effekt aus dem Alltag. Wenn wir am Bahnhof stehen und ein durchgehender Zug braust heran, dann ist der Ton erst sehr hoch, rast er dann aber an uns vorbei und er entfernt sich, dann wird der Ton tiefer.

Daraus schloss man: Wenn es eine Expansion gibt, dann muß sie irgendwann einen Anfang genommen haben, also einen Punkt, in dem Materie, Raum und Zeit dereinst vereinigt gewesen sein müssen und dann in einer gewaltigen Explosion auseinander stieben.

Expandieren kann aber immer nur ein „Etwas", wenn ein Raum vorhanden ist. Es gab aber noch keinen Raum, wo kommt der her? Niemand steht dabei und schreit „Platz da, ich will mich ausdehnen". Also muß das, was da explodiert ist, sich zugleich den Raum schaffen, um sich ausdehnen zu können.

Eine merkwürdige Konstellation!

Und es geht noch mysteriöser weiter!

Es bildet sich Materie, bzw. die Urbausteine der Materie.

Nach welchem vorgegebenen Muster bilden sich nunmehr Atome bzw. ihre Bausteine, die Protonen und Neutronen. Und wo kommen die Elektronen plötzlich her, die ja nach allgemeinem Verständnis zu den Atomen gehören. Wenn wir sie einmal als pseudomaterielle Partikel ansehen.

Und überhaupt, wer gibt den Protonen und Neutronen den Spin-Befehl und damit den Impuls sich zu drehen, und das mit einer unglaublichen Rotationsgeschwindigkeit? Hat sich ihre Rotation auf das ganze Universum übertragen? Unsere Erde rotiert, sie rotiert um die Sonne, unser ganzes Sonnensystem rotiert um das Zentrum der Milchstraße, das bedeutet auch unsere Galaxis dreht sich, in 36.000 Jahren einmal um sich selbst – alles ist in Bewegung.

Der ruhige Nachthimmel, den wir sehen, ist eine Fiktion durch die relative Kürze der Besichtigung.

Es geht aber noch weiter: Atome verbinden sich miteinander und bilden etwas Neues, nämlich Moleküle. Bei einfachen Atomen wie Wasserstoff oder Helium kann man noch Verständnis aufbringen, dass sie sich weiter verändern, aber wie kommen solch komplizierte Atome bzw. deren Molekülverbindungen wie Gold, Blei oder gar Uran zustande.

Welche geheimnisvollen Kräfte ermöglichen das?

Wenn es eine Explosion gegeben haben soll, müsste auch Licht dabei entstanden sein. Dieses merkwürdige Phänomen stellt sich als ein Dualismus dar, quasi wie die spätere Welt sich durch Dualismen auszeichnet. In diesem Fall hat das Licht auf der einen Seite Wellencharakter auf der anderen Seite korpuskuläres Format (Photonen). Auch das Licht hat die Tendenz, vielleicht sogar das Bedürfnis, sich auszubreiten. Aber es ist ja noch kein Raum da!

Ein weiterer Faktor kommt ins Spiel, ein Faktor, der uns Menschen so viel zu schaffen macht – die Zeit. Der Mensch ist gewohnt, mit der Zeit in der Regel einen Anfang zu verbinden. Aber alle Phänomene, die uns begegnen und denen wir ausgesetzt sind, haben neben dem Anfang auch das Ende impliziert. Daher ist die kühne Frage gleich am Anfang erlaubt: Hat dieses Universum auch ein Ende?

Wir wissen es nicht. Da die Fragestellung dieses Buches eine andere ist, klammern wir diese Frage aus.

Entwicklung ist immer an das Thema Zeit gebunden. Sonst gäbe es sie, die Entwicklung nicht. Statik und Entwicklung schließen einander aus. Die Zeit entsteht aber nicht, sondern sie ist ein vom Menschen geschaffenes Hilfsmittel zur Orientierung.

Um die Fragestellungen noch komplizierter zu machen: Ein weiteres geheimnisvolles Phänomen, für das man bis heute keine plausible Erklärung hat, ist die Gravitation.

Der englische Physiker Newton war der erste, der sich ihr mathematisch genähert hat. Aber wie kommt sie zustande? Wo entsteht sie?

Von den Naturwissenschaftlern hört man stereotyp die Erklärung: Gravitation ist eine Eigenschaft der Masse. In der Tat, wir spüren sie, wenn wir stürzen oder wenn uns Gegenstände auf den Kopf fallen.

Jedoch wo findet man sie auf der oder in der Erde? Irgendwo müßte sie ja sein, sonst würden wir nicht fallen!

Anziehungskraft könnte man auch sagen. Dadurch hält zum Beispiel die Sonne die Erde und auch die anderen Planeten im Zaum.

Bislang hat noch niemand das Wesen der Gravitation klären können, wir messen immer nur die Auswirkungen, sowohl beim Fall als auch mit der Mathematik. Die für mich einzige, einigermaßen befriedigende Erklärung fand ich in den Büchern von H. W. Woltersdorf.

Das sind schon ausreichend Fragen, die kaum beantwortet werden können.

Aber es geht noch weiter.

Aus diesem Urknall sollen sich sämtliche Atome, sämtliche Moleküle, sämtliche Sterne und Planeten und auch sämtliche Galaxien gebildet haben. Unvorstellbar ist dafür gelinde gesagt eine bescheidene Aussage.

Man stelle sich allein unsere Milchstraße vor: Milliarden von Sonnen, die um sich Planeten geschart haben oder geschart haben können. All das entstammt einem winzigen Etwas namens Urknall.

Dabei ist unser Milchstraße beileibe nicht allein. Milliarden von weiteren Galaxien tummeln sich im Universum, entweder „nahe" wie beispielsweise der Andromeda-Nebel mit 2,3 Millionen Lichtjahren oder unermesslich weit in Reichweiten von Milliarden Lichtjahren.

Und die meisten Milchstraßen entfernen sich von uns, umso schneller, je weiter sie entfernt sind. Das hat man mit der Rotverschiebung der Spektrallinien festgestellt.

Wohin dehnt sich das Universum in diesen entferntesten Regionen aus? Wie wird der Raum für die Ausdehnung produziert?

Man sagt sogar, die weitesten Milchstraßen würden sich mit ihrer Geschwindigkeit der Lichtgeschwindigkeit nähern, das heißt 300.000 km pro Sekunde. Aber: Auch an den Rändern des Universums gelten die Gesetze der Physik. Das bedeutet, Materie, gleichgültig in welcher Form, kann sich nicht mit Lichtgeschwindigkeit bewegen, selbst nur 25 Prozent der Lichtgeschwindigkeit würde eine extrem hohe Energie erfordern. Niemand weiß, woher die kommen soll.

Wenn ich jetzt etwas vom Urbeginn abgeglitten bin, dann hat das damit zu tun, dass sich aus der Theorie des Urknalls derart eigenartige Folgerungen und Fragen ergeben, die uns ratlos machen.

Kehren wir zum Urknall zurück.

Wenn es ihn denn gegeben hätte, so müsste ein Plan vorhanden gewesen sein, nachdem sich das ganze entwickelt hätte. Denn es ist absolut unglaubwürdig, dass sich die Bausteine eines entstehenden Universum einfach so, aus sich heraus gebildet hätten.

Und sollte der Druck der Explosion so stark gewesen sein, dass noch immer alles bis zum heutigen Tag auseinander flieht?.

Warum sind die Sterne nicht gleichmäßig verteilt, sondern haben sich zu den verschiedenen Formen wie Milchstraßen „verbündet". Auch die Galaxien sind ungleichmäßig verteilt, so entdeckten zwei amerikanische Astronomen eine große entfernte Struktur im Universum mit einer Länge von 500 Millionen Lichtjahren und einer Breite von 200 Millionen Lichtjahren. Sie nannten es die „Große Mauer".

Auch diese Entdeckung macht einen Urknall unglaubwürdig, aus dem sich eine homogenere Struktur des Universums hätte entwickeln müssen. Solche Raum-Inseln passen nicht ins konventionelle Urknall-Bild.

Vom Großen noch einmal zurück zum Kleinen.

Nach dem wissenschaftlichen Urknall-Verständnis ist mit dem „Knall" die Materie entstanden, aus der sich später das ganze Universum ausbilden sollte. Zuerst sind es einmal nach einer gewissen Zeit die Protonen, Neutronen und Elektronen. Wir lassen einmal die weiteren Miniatur-Bestandteile wie die verschiedenen Quarks außer Acht. Man möge es mir nachsehen, aber allein der Ausdruck „Quarks" macht in der deutschen Sprache keinen guten „Eindruck".

Die Bestandteile Protonen im Atomkern und Elektronen in der Hülle tragen eine elektrische Ladung, positiv die Protonen und negativ die Elektronen.

Der Bauplan der Grundbausteine, der Atome, ist merkwürdig in höchster Potenz. All das wurde am Beginn des Universums bereits festgelegt.

Nehmen wir einmal an, um die Dimensionen zu schildern, der Atomkern hätte die Größe einer Brombeere, dann ist rein größenmäßig die Elektronenhülle rund einen Kilometer entfernt.

Und dazwischen?

Ein Spaßvogel hat einmal gesagt: Dazwischen ist Luft!

Dazwischen ist ein riesengroßer leerer Raum! Absolut nichts, keine Materie!

Und doch ist dieser Zwischenraum von immenser Wichtigkeit für das „Überleben" der einzelnen Nukleonen, also der Bestandteile des Atomkerns.

All das wurde dem Universum beim Beginn, bei der Schöpfung in die Wiege gelegt.

H.W.Woltersdorf ist in seinen Büchern sehr ausführlich auf diese Geheimnisse der Elementar-Teilchen eingegangen, ich habe von ihm die Essenz seiner Aussagen in meinem Buch „Der Urknall" übernommen, da sie mir als die einzigen plausiblen Erklärungen dieser komplizierten Sachverhalte erschienen, ohne dass man ein Mathematik--Studium absolvieren muß.

Haben sich die Atome von sich aus so organisiert?

Haben die Atomkerne etwa gefordert: „Also ihr Elektronen, haltet mal gefälligst Distanz, wenn ihr um uns herumschwirren wollt!"

Immerhin wäre ohne die Ausbildung der Atome eine Schöpfung, so wie wir sie jetzt erleben, nie möglich gewesen. Atome und ihre Verbindungen sind die materiellen Bausteine sämtlicher Planeten, sämtlicher Sonnen und Galaxien und sämtlicher Lebewesen.

Nur, was gab den Atomen den Impuls, sich zu verbinden. Es bestand keine zwingende Notwendigkeit (oder doch?). Alle Atome hätten doch einfach frei als „Einzelwesen" im Universum „herumschwirren" können! So als Atom-Nebel!

Und die Bildung von übergeordneten Strukturen wie Planeten und Sonnen oder gar Galaxien! Wer oder was gab den Anlaß dazu und woher kam der Bauplan?

Je länger man darüber nachdenkt, dann beginnt man an den so salopp dahingeworfenen naturwissenschaftlichen Erklärungen zu zweifeln und die Aussage von Werner Heisenberg, die vor diesem Kapitel steht, gewinnt an Gewicht.

Wir müssen sogar noch einen Schritt weitergehen.

Atome sind Grenzgänger – sie sind die ersten materiellen Manifestationen außerphysikalischer Prozesse. Wenn Schöpfung stattfindet, treten sie in die Welt der Materie ein.

Könnte es möglich sein, dass Atome auch so etwas wie ein Bewusstsein haben? Ein Bewusstsein, das so völlig andersartig ist als das, was wir als Bewusstsein bezeichnen? Wobei letzten Endes niemand so recht weiß, was Bewusstsein eigentlich ist und wo es lokalisiert sein soll. War es gleich am Anfang des Universums vorhanden oder hat es sich erst später „dazu gesellt"?

Jean Charon weist in seinem Buch „Der Geist der Materie" den Elektronen so etwas wie „Geist" zu. Eine Aussage, die ihn wohl von der Masse der Physiker abhebt.

Im CERN in Genf sucht man nach den Lösungen der großen Fragen. Aber interessant ist, dass sämtliche Analysen immer mit destruktiven Zerstörungs-Prozessen unternommen werden. Man ist nicht zufrieden, dass es Protonen gibt und Quarks und bei diesen wieder Untergruppierungen usw. Man muß sich ernsthaft fragen, ob bei all diesen ausgelösten Zerfallsprodukten irgend etwas Wichtiges herauskommt. Das sog. Higgs-Teilchen sollte jetzt eine Art Glanzleistung der Teilchen-Physiker sein, mit dem man dem Bauplan der Welt näher zu kommen gedachte. Mit erscheint unklar wie man aus diesen Teilchenzoo, der sich bei den Kollisionen bildet, so etwas heraus differenzieren kann, um irgendwie in den Bauplan des Schöpfers Einblick gewinnen zu können.

Aber die Anzahl der Fragen wird immer größer.

In letzter Konsequenz könnte man die Frage aller Fragen stellen: „Wieso gibt es überhaupt ein Universum?", „Warum hat es sich gebildet?", „Gibt oder gab es eine plausible Ursache?".

„Warum gibt es nicht Nichts?"

Und wenn schon der Zeit-Aspekt mit ins Spiel kommt, kommt unweigerlich die Frage: „Wenn irgendwo etwas beginnt, dann muß es doch ein Zuvor gegeben haben?"

Dann liest oder hört man als Antwort: Das sind unzulässige Fragen.

Es ist menschlich und verständlich, dass Menschen, in diesem Fall Wissenschaftler, versuchen, fragenden Mitbürgern Antworten zu liefern, in dem sie suchen, rechnen und forschen.

Ob man als kritischer Fragesteller damit zufrieden und einverstanden ist, steht auf einem anderen Blatt.

Unsere Nachbar-Galaxis - der Andromeda-Nebel
„Nur" 2,3 Millionen Lichtjahre entfernt

Theoretische Sicht unserer Milchstraße von oben

Ausklang

Dieses Buch hat sich das Thema „Schöpfung" zur Aufgabe und zum Ziel gemacht.

Wir leben als Zeitgenossen einer sich allwissend gebärdenden Naturwissenschaft. Daher haben die Schöpfungsmythen der früheren Kulturen für uns manchmal so etwas wie einen vorsintflutlichen Charakter – eingebildet und arrogant wie man es uns oft nachsagt.

Für die Völker, in denen diese Mythen entstanden, hatten sie zumeist einen religiösen Bezug, den man intellektuell nicht weiter erforschen und hinterfragen konnte, manchmal auch nicht durfte.

Für viele Menschen, besonders Wissenschaftler, war es eine regelrechte Befreiung aus Sagen und Mythen, als die Entstehung der Welt ohne einen Bezug zum Numinosen im sogenannten Urknall eine Erklärung fand. Vor allem, wenn es nur oft genug und immer erneut wiederholt wird.

Die Mythen der Alten Ägypter, der Griechen, usw., die in sich so etwas wie einen poetischen Charakter tragen, sprechen andere Bereiche des menschlichen Bewusstseins an.

Die nüchterne, moderne Betrachtung zeigt ein völlig anderes Bild.

Das was so mancher als Geheimnis der Schöpfung betrachtet, als Unerklärliches, wird oft damit weggewischt, es sei nur eine Frage der Zeit, bis man auch diese Unklarheiten behoben und durchleuchtet hat. Von Geheimnissen möchten die meisten Wissenschaftler nicht reden, denn Geheimnisse lassen sich weder durch mathematische Formeln und noch durch Gleichungen beschreiben und gehören daher nach deren Meinung in die Bereiche von Märchenbildung und Aberglauben.

Der englische Astrophysiker Stephen Hawking war der Ansicht, dass es der Physik in absehbarer Zeit gelingen würde, eine vollständige Theorie für die Welt, also auch für den Ursprung zu finden. Wenn es dazu noch gelänge, das wieso und warum zu klären, dann wäre das der Triumph der menschlichen Vernunft – und wir würden Gottes Plan kennen.

Bei solch vermessenen Aussagen beschleicht einen etwas Unbehagen.

Das Zitat von Douglas Adams vom Anfang dieses Buches klingt zwar ein wenig banal – aber es steckt ein gehöriges Körnchen Wahrheit drin.

Wer sich unter einem wolkenlosen Nachthimmel einmal die Zeit und Muße nimmt und nach oben schaut, die unzähligen Sterne sieht und bei viel Glück auch noch die Milchstrasse erblickt, dem dürften Zweifel kommen, ob sich diese Wunder vor langer Zeit durch einen Knall gebildet haben.

Gerhard Staguhn schreibt in seinem Buch „Das Lachen Gottes" treffend: „Physik und Astrophysik bekommen zwangsläufig den Anhauch von Metaphysik, wenn sie Antworten auf vermeintlich allerletzte Fragen verheißen, Fragen nach dem Ursprung und dem Endziel von allem, Fragen nach dem Kleinsten und Größten, nach der einen Urkraft, die in allem am Werke ist."

Eine vollkommen erklärte Welt ohne Geheimnisse wäre fast eine sinnlose Welt.

Der Mensch täte gut daran, einzusehen, dass sich hinter jedem Geheimnis, das er glaubt gelöst zu haben, sich wiederum andere Geheimnisse auftun.

Insofern wird die Entstehung der Welt, die auch uns Fragende auf mysteriöse Weise hervorgebracht hat, eines dieser großen Geheimnisse für alle Zeiten bleiben.

Literatur

Adams, D.; Das Rasthaus am Ende des Universums, Roman, Ull stein, 1986

Audretsch, J.; Mainzer, K.; Vom Anfang der Welt, Wissenschaft, Philosophie, Religion, Mythos, Verlag C.H.Beck, München, 1990

Bamm, P.; Adam und der Affe, Essays, Deutsche Verlagsanstalt, Stuttgart, 1969

Beltz, W.; Die Mythen der Ägypter, Pawlak Verlagsges., 1990, Herrsching

Blome, H.-J.; Zaun, H.; Der Urknall; Anfang und Zukunft des Universums, C.H.Beck, 2004

Charon, E.J.; Der Geist der Materie, Ullstein, 1982

Flasch, K.; Nikolaus von Kues in seiner Zeit, Ein Essay, Reclam, 2004

Flashar, H.; Aristoteles, Lehrer des Abendlandes, C.H. Beck, 2013

Frauenknecht, H.; Urknall, Urzeugung und Schöpfung, F.A.Brockhaus, Wiesbaden, 1976

Grabner-Haider, A.; Die wichtigsten Philosophen, matrix-Verlag, Wiesbaden, 2014

Hansen, S,; C Mythen vom Anfang der Welt, Pattloch Verlag, 1991

Hesiod; Sämtliche Gedichte, Artemis Verlag, Zürich

Jacobi, L.; Schöpfungs- und Entstehungsmythen, Novalis-Verlag, 1981

Klein, Störfeld.; Tagebücher der Schöpfung, Vom Urknall zum geklonten Menschen, dtv, 2004

Kremer, K.; Nikolaus von Kues (1401-1464): Einer der grössten Europäer des 15. Jahrhunderts, Paulinus Verlag, Trier, 2014

Lesch / Gaßner; Urknall, Weltall und das Leben, Vom Nichts bis heute morgen, Komplett Media, 2014

Laotse; Tao Te King; Das Buch vom Weltgesetz und seinem Wir
ken, Otto W. Barth Verlag, 1984, Widergabe des chines. Textes
durch Walter Jarven

Lao-Tse; Tao Te King, Wegweisung zur Wirklichkeit, herausgege-
ben und erläutert von K.O.Schmidt, Drei Eichen Verlag, München, 1977

Lutz, J.; Ratlos vor der Großen Mauer; Das Scheitern der Ur-
knall-Theorie, Blickpunkt-Verlag, 1991

Meiser, H.C., (Hrsg.); Schöpfungsmythen, Goldmann Verlag,
1988

Poller, H.; Die Philosophen und ihre Kerngedanken, Olzog-Ver-
lag, München, 2011

Rinne, O.; (Hrsg.); Der neue Entwurf der Welt, Ursprungsmythen, Bd. 1; Luchterhand, 1985

Rinne, O.; (Hrsg.); Der verlorene Himmel, Ursprungsmythen,
Band 2, Luchterhand, 1985

Röd, W.; Kleine Geschichte der antiken Philosophie, Verlag
C.H.Beck, 1998

Schult, A.; Urgeschichte der Menschheit, Die biblische Schöpfungsgeschichte im Lichte der Mysterienweisheit, Aloys Henn
Verlag, Wuppertal

Staguhn, G.; Das Lachen Gottes, Der Mensch und sein Kosmos;
Carl Hanser Verlag, München, 1990

Volkmer, D. ; Der Urknall – Eine Fiktion der Astrophysik, Books
on Demand, 2016

Volkmer, D.; Der Mensch - Allein im Universum? Reflexionen
eines Erden-Bewohners, Books on Demand, 2018

Weinberg, Störfeld.; Die ersten drei Minuten, Der Ursprung des
Universums, dtv, 1980

Weinreb, F.; Der göttliche Bauplan der Welt, 5. Aufl., Origo Verlag Bern, 1978

Weinreb, F.; Schöpfung im Wort, Die Struktur der Bibel in jüdi-
scher Überlieferung, Thaurus-Verlag, Weiler im Allgäu, 1989

Weischedel, W.; Die philosophische Hintertreppe, dtv, 1975

Woltersdorf, H.W.; Die Schöpfung war ganz anders, Irrtum und Wende, Walter-Verlag, Olten, 1976

Woltersdorf, H.W.; Phänomen Schwerkraft, Das Medium mit dem wir denken, Walter-Verlag, Olten, 1977

Woltersdorf, H.W.; Die Lösung der Sieben Welträtsel, Argo-Verlag, 2006

Wunderli, E.; Phänomenale Schöpfung, H. Schwab Verlag, Gelnhausen, 1965

Wurm, G.; Die Geschichte des Universums, Evolution und Genesis, Strom-Verlag, Zürich, 1985

Weitere Literatur des Autors

Die Odyssee
Eine psychologische Reise nach Ithaka
Homer war schon ein begnadeter Psychologe und schrieb ca 800 v. Chr. den ersten Psychokrimi
Verlag Books on Demand
Näheres unter
www.literatur.drvolkmer.de

Alexander und Aristoteles
Eine späte Begegnung
Eine fiktive Begegnung der beiden in Babylon nach dem großen Feldzug Alexanders. Aristotelss war in Makedonien eine Zeit lang der Lehrer von Alexander
Verlag Books on Demand
Näheres unter
www.literatur.drvolkmer.de

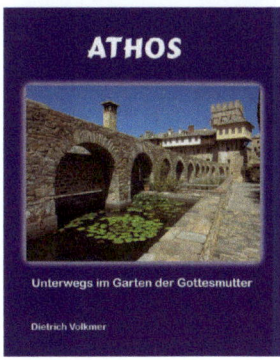

Athos
Unterwegs im Garten der Gottesmutter
Keine antike Geschichte, sondern das Resumee mehrerer Aufenthalte in der Mönchrepublik Athos und der Wanderung auf den Heiligen Berg.
Näheres unter
www.literatur.drvolkmer.de

Helena und Paris
Eine dramatische Liebesgeschichte
Denn diese Liebe führte zum Trojani-
schen Krieg. Die griechischen Götter
waren dabei intensivst involviert.
Verlag Books on Demand
Näheres unter
www.literatur.drvolkmer.de

Der Urknall
Eine Fiktion der Astrophysik
Eine kritische Auseinandersetzung
mit den z.T. abenteuerlichen Thesen
der Astrophysiker
Verlag: Books on Demand
Näheres unter
www.literatur.drvolkmer.de

Der Mensch - Allein im Universum?
Reflexionen eines Erden-Bewohners
2018,
Eine der interessantesten und span-
nendsten Fragen: Ob es außer uns noch
Intelligenzen im Universum gibt und
ob wir mit Ihnen in Kontakt treten werden.
Verlag Books on Demand
Näheres unter
www.literatur.drvolkmer.de

Der Erste Messias ?
Bildnis eines zu früh
Geborenen
2. Auflage
Books on Demand, 2014

Es geht um das Leben von Echnaton und seine Religion in Verbindung mit anderen
Religionen

Näheres unter
www.literatur.drvolkmer.de

Tagebücher vom Nil
Echnaton, Nofretete, Teje
Books on Demand,
2008

Die drei interessantesten Persönlichkeiten des Alten Ägypten erzählen in Tagebuchform
ihre Lebensgeschichte

Näheres unter
www.literatur.drvolkmer.de

Eine Ergänzung zu diesem Buch:
Zeit - Ein rätselhaftes Phänomen
Gedankenfragmente
Books on Demand, 2011
Näheres unter
www.literatur.drvolkmer.de